Die magische Formel

MICHAEL ROADS

Die magische Formel

...für Männer, die ihr Leben verwandeln wollen

Aus dem Englischen von Theo Kierdorf
in Zusammenarbeit mit Hildegard Höhr

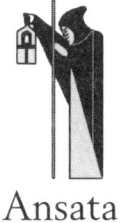

Ansata

Der Ansata-Verlag ist ein Unternehmen der
Econ Ullstein List Verlag GmbH & Co. KG

ISBN 3-7787-7191-4

Erste Auflage 2002
© 2002 by Michael J. Roads
(Titel der Originalausgabe »The Magic Formula«)
© 2002 für die deutsche Ausgabe by
Econ Ullstein List Verlag GmbH & Co. KG, München
Alle Rechte sind vorbehalten. Printed in Germany.
Umschlaggestaltung: Ateet FranklDesign, München
Gesetzt aus der Berling bei EDV-Fotosatz Huber, Germering
Druck und Bindung: Pustet, Regensburg

Inhalt

Einleitung   7
1. Sechs alte Freunde   11
2. Zeit zum Loslassen   19
3. Viele Arten des Seins   39
4. Eine Begegnung mit der Wahrheit   57
5. Der Anfang   71
6. Nahrung für den Geist   87
7. Ein Modell für das Leben   101
8. Die Programme verändern   119
9. Das Neue aufbauen   135
10. Alles kommt zusammen   151
11. Veränderungen   167
12. Die Übergabe   187

Einleitung

Heutzutage ist es üblich, klarzustellen, daß alle in einem Buch vorkommenden Personen fiktiv sind und daß jede Ähnlichkeit mit lebenden Personen ... usw. Die Personen in diesem Buch sind ganz sicher fiktiv, aber sie ähneln Millionen von Menschen in jedem Land der Welt auf eine geradezu unheimliche Weise. Wahrscheinlich kennen Sie, liebe Leser, Männer wie Gus, Mac, Steve und Pete, und vielleicht sind Sie wie Mike. Wie schon an den Namen zu erkennen ist, geht es in diesem Buch hauptsächlich um Männer, aber es wendet sich keineswegs ausschließlich an Männer. Es vermag nicht nur, Männern eine andere, umfassendere Sicht der Welt zu zeigen, sondern vermittelt außerdem Frauen einen umfassenderen Einblick in das Wesen von Männern – und des Lebens.

Ich bin selbst ein Mann, habe in meinem Leben viel gekämpft und bin verletzt worden, aber ich habe meine Suche nach dem Selbst und nach innerem Frieden nie aufgegeben. Heute weiß ich, wer ich bin, und ich erfahre jenen Frieden, nach dem ich so lange gesucht habe. Das vorliegende Buch habe ich geschrieben, um Menschen zu helfen, die verletzt worden sind. Tatsächlich war uns nie zugedacht, zu kämpfen und verletzt zu werden, zu gewinnen oder zu verlieren, Erfolg zu haben oder zu versagen. Sinn und Zweck unseres Lebens auf diesem Planeten besteht in nichts anderem, als dieses Leben in all seinen Facetten zu erfahren, um durch diese Erfahrung zu wachsen und unserer selbst bewußter zu werden. Aber – und dies ist ein großes Aber – wir müssen leben. Wir müssen uns ernähren, uns kleiden und dafür sorgen, daß unsere Familie ein Dach über dem Kopf und genug Geld zum Leben hat.

Viele Männer – und Frauen – streben entweder das eine oder das andere an. Entweder bemühen wir uns, unserer selbst bewußter zu werden, und wir schenken der alltäglichen Welt des Erfolgs oder Mißerfolgs wenig Beachtung; oder wir werden süchtig nach den materiellen Aspekten des Lebens und schädigen uns selbst, indem wir der ewigen Sucht nach immer mehr anheimfallen, insbesondere wenn es um Geld geht. Einigen wenigen unter uns gelingt es sogar, diese beiden Tendenzen miteinander zu verbinden; diese Menschen kämpfen und verletzen sich, während sie entweder in die eine oder in die andere Richtung gestoßen und gezogen werden.

Obwohl mir das Wort eigentlich nicht gefällt, bin ich ein Lehrer. In meiner Welt sind Gewahrsein und die äußere, materielle Sphäre in einem leichten, harmonischen Strom miteinander verbunden – und dieser

Strom ist tatsächlich leicht! Ich reise mit meiner Frau Treenie durch die Welt und bringe Menschen bei, diesen Zustand innerer und äußerer Harmonie zu erreichen. Eines Tages saß ich einmal mit einem Mann zusammen, einem guten Freund, der mir gestand, er habe auch nach der Teilnahme an einigen unserer fünftägigen Roadsway-Retreats immer noch Schwierigkeiten, er fühle sich immer noch verletzt.

Im Laufe des Gesprächs sagte ich zu ihm: »Du brauchst eine magische Formel. Du verfügst über das notwendige Hintergrundwissen, aber offenbar fehlt dir ein System, das dir hilft, dein Wissen bewußt anzuwenden.«

Und weil ich ein Geschichtenerzähler bin, habe ich dieses Buch für ihn und die vielen, die ihm gleichen, in Form einer Geschichte geschrieben. Das Folgende ist kein Märchen, sondern ein Buch, das Ihnen helfen kann, den Weg zu Glück und Erfüllung im Alltagsleben zu finden.

Michael Roads

1
Sechs alte Freunde

Mike war auf dem Weg zum dritten Zehnjahrestreffen mit seinen alten Freunden. Sie hatten als Kinder alle in derselben Gegend gelebt und waren eng befreundet gewesen. Ihre Freundschaft, aus Tränen und Frustration, den Höhen und Tiefen der Kindheit entstanden, hatte die Zeit des Erwachsenwerdens überdauert. Gemeinsam hatten sie die schwierigen Teenagerjahre durchlebt und so enge Beziehungen zueinander aufgebaut, daß es ihnen als unmöglich erschien, im weiteren Leben auf diese Verbundenheit verzichten zu müssen. Natürlich war das eine Illusion. Ursprünglich waren sie einmal sieben unzertrennliche Freunde gewesen, doch dann hatte Ginger als erster von ihnen ein Motorrad bekommen und war bald darauf verunglückt. Es war ein schlimmer Unfall. Der blutende Körper wurde enthauptet unter einem Lastwagen aufgefunden. Dieser stand auf einer Straße geparkt, und Ginger war des Abends mit hoher Geschwindigkeit auf ihn geprallt. Die Autopsie ergab, daß Ginger nichts getrunken hatte, sondern er war wohl übermüdet gewesen und hatte natürlich noch nicht viel Erfahrung im Umgang mit seinem Motorrad gehabt – eine tödliche Kombination. Wahrscheinlich hatte er geglaubt, der Lastwagen führe mit normaler Geschwindigkeit vor ihm her, und er hatte beschleunigt, um ihn zu überholen.

Seit diesem Todesfall waren es nur noch sechs Freunde. Gemeinsam hatten sie an Gingers Beerdigung teilgenommen und die feindseligen Blicke seiner Eltern ertragen müssen. Ihnen hatte der enge Kontakt ihres Sohnes zu der Gruppe nie gefallen, und sie hatten den Freunden einen schlechten Einfluß vorgeworfen. Daß ihr Sohn als erster in der Gruppe ein Motorrad besessen hatte, war ihnen offenbar gar nicht klar. Aber so geht es im Leben. Menschen, die verletzt werden, geben gewöhnlich irgend jemand anderem die Schuld an ihrem Unglück. Und da sie selbst sich am Schicksal ihres Sohnes völlig unschuldig fühlten, klagten sie seine Freunde an.

Mike hatte Gingers plötzlichen Tod nicht so leicht überwinden können. Natürlich war ihm klar, daß solche Dinge im Leben passieren, doch damit konnte er sich einfach nicht abfinden. Noch Monate nach dem Unglück fühlte er sich sehr unwohl. Seine Gedanken kreisten unablässig um diese Konfrontation mit dem Tod – für ihn die erste überhaupt. Eben hatte Ginger noch gelebt, war begeistert auf seinem wundervollen neuen Motorrad durch die Nacht gefahren, und dann ... Schluß! Alles vorbei! Ob Ginger irgend etwas gespürt hatte? Mike bezweifelte es. Lebendig sein, sich fühlen, sich freuen, sich ausleben ... und plötzlich nichts mehr. Solche Gedanken gingen Mike lange durch den Kopf, bis sie schließlich verblaßten; doch änderte auch das nichts mehr daran, daß Gingers Unfall auf verschiedenste Weise auf ihn gewirkt hatte. Diese Geschichte hatte ihn dazu gebracht, das Leben zu hinterfragen. Was ist Leben? Haben wir ein Leben, oder hat das Leben uns? Und wenn wir ein Leben haben, ist der Verlust unseres Körpers dann einfach das Ende der Erfahrung unseres Körpers oder noch mehr? Und wenn das Leben *uns* hat, wie kann es uns dann verlieren? Ist das Leben nicht in der Lage, an uns festzuhalten, oder ist da noch etwas anderes im Spiel? Dieses »andere« beschäftigte Mike.

Seither waren viele Jahre verstrichen. Als die Freunde angefangen hatten, mit Mädchen auszugehen, war ihre kindliche Unzertrennlichkeit im Nu verschwunden. Mike fand es eigentlich recht merkwürdig, daß Mädchen sie so leicht hatten auseinanderbringen können. Doch dann wurde ihm klar, daß sie den Freunden im Grunde nur einen Vorwand geliefert hatten, sich voneinander zu entfernen und auf ihrem Weg ins Leben jene Schritte zu gehen, deren Bewältigung Zeit, Erfahrung und Individualität erfordert.

Eines Abends saßen die sechs verbliebenen Freunde, die mittlerweile fast zwanzig Jahre alt waren, im *Matador*, einem Restaurant, zusammen. Nachdem sie gegessen, Bier und Wein getrunken und viel und herzlich gelacht hatten, schworen sie einander, sich ihr ganzes weiteres Leben lang alle zehn Jahre am selben Ort wiederzutreffen. Zur Bestärkung dieses Versprechens hatten sie die Hände zusammengelegt, und Mike hatte feierlich ein Glas Rotwein über alle Hände gegossen und verkündet, dies symbolisiere ihr Blut, das sich auf diese Weise vermische und sie verpflichte, sich alle zehn Jahre zu treffen oder eines schrecklichen Todes zu sterben. Obwohl die Zeremonie eigentlich als Scherz gemeint gewesen war, wirkte sie ziemlich dramatisch, und niemand lachte darüber. Danach saßen sie einfach da und starrten einander minutenlang an, bis Lenny mit leiser, feierlicher Stimme sagte: »So sei es.« Gus, Steve, Mac und Pete wiederholten diese Worte auf die gleiche ruhige, intensive Weise. Mike sagte nichts. Er war ein wenig schockiert über das, was geschehen war. Lenny schaute ihn an und fragte ihn: »Wie steht es mit dir, Mike?«

»So sei es«, sagte Mike. »Aber was ist, wenn dieses Restaurant einmal nicht mehr existiert? Wir werden uns nicht immer hier treffen können.«

Alle schauten einander an und richteten ihren Blick dann auf Mike.

»Es war doch deine Idee«, sagte Lenny.

»Okay. Wenn dieser Laden hier nicht mehr existiert, treffen wir uns in dem Restaurant, das diesem Ort am nächsten liegt.«

Zehn Jahre später hatten sie sich wieder im *Matador* getroffen. Obwohl sie mittlerweile alle an verschiedenen Orten lebten und den Kontakt verloren hatten, waren sie zur festgesetzten Zeit erschienen. Mittlerweile waren sie Ende Zwanzig und derb und laut, so wie junge Männer oft sind, und sie aßen, tranken und redeten bis tief in die Nacht. Mehrere gestanden, sie seien an mehreren Abenden im *Matador* gewesen, um sicherzustellen, daß sie den vereinbarten Tag nicht verpaßten. Nach zehn Jahren waren sie unentschieden, ob das, was sie miteinander verband, ein Gelöbnis oder ein Fluch war, und sie wollten kein Risiko eingehen.

An jenem Abend hatten sie einander über die wichtigsten Ereignisse berichtet, die sie in den letzten zehn Jahren erlebt hatten – aber hatten sie das wirklich? Mike war klar, daß er zumindest dies nicht getan hatte. Er hatte seinen Bericht stark zensiert. Und weil ihm klar war, was er selbst ausgelassen hatte, erkannte er auch ziemlich genau, was in den Berichten der anderen über ihre Abenteuer fehlte. Trotzdem hatte allen das Wiedersehen mit den alten Freunden sehr gefallen, und sie hatten einander abermals versprochen, sich genau ein Jahrzehnt später wiederzutreffen. Mike hatte vorsichtshalber einen hundertjährigen Kalender mitgebracht, so daß alle sich das genaue Datum in zehn Jahren notieren konnten.

Die zehn Jahre vergingen, und alle trafen sich erneut. Allerdings existierte das *Matador* inzwischen nicht mehr. Wo es einmal gewesen war, stand nun ein riesiger Wohnblock. Doch hatten alle problemlos das nächstgelegene Restaurant gefunden, es hieß *Neptuns Reich*, und alle waren am vereinbarten Tag dort. Mittlerweile waren die Freunde Ende Dreißig, und viele Unterschiede traten deutlicher zutage. Trotz seines riesigen Potentials befand sich Lenny offensichtlich in einer Sackgasse. Er erzählte, er sei unverheiratet, hasse seinen Job und lebe bei seiner verwitweten Mutter. Ihm fielen rapide die Haare aus, und die Aussicht, bald eine Glatze zu haben, machte ihm sehr zu schaffen. Von seinem ehemals starken Selbstwertgefühl war nicht mehr viel übrig, und seine Gesichtszüge waren von Schmerz und Mißerfolg gezeichnet.

Die Geschichte von Gus beinhaltete fast das Gegenteil. Er war in seiner Arbeit als technischer Zeichner sehr erfolgreich, glücklich verheiratet und hatte zwei Kinder. Er war klein, wurde allmählich dick und verlor ebenfalls die Haare, doch war ihm dies ziemlich gleichgültig. Für ihn war das Leben in Ordnung.

Steves Leben war so lala. Er war bei der Handelsmarine, und sein Alltag unterlag sehr starken äußeren Zwängen. Er fand, daß seine Situation besser, aber auch schlimmer sein könnte. Er war unverheiratet, und es gab in seinem Leben keine Frau, obwohl er sich nach einer Beziehung sehnte. Sein schwaches Selbstwertgefühl war von einer dünnen Schicht »Alles ist okay« überdeckt.

Mac war Akademiker. Er stand am Anfang einer vielversprechenden Karriere und erwartete, ziemlich bald eine Professur zu bekommen. Sein wunder Punkt war seine Ehe, und obwohl er nicht viel darüber sagte, sprach das, was er unausgesprochen ließ, Bände. Generell schien sein Leben von Depression, Unentschlossenheit und zielloser Hast geprägt zu sein.

Pete hatte irgendwie etwas mit all den Problemen zu tun, unter denen seine Freunde litten, aber keines davon plagte ihn besonders stark. Er war verheiratet, Sergeant bei der Polizei, groß, und trotz seiner gemächlichen Bewegungen geistig erstaunlich schnell. Er war mit seinem Leben zufrieden, verfolgte keine besonderen Ziele und schien sich über all dies erstaunlich wenig Gedanken oder gar Sorgen zu machen. Kinder hatte er keine – aber nicht, wie er bedeutungsvoll zu verstehen gab, weil er nicht oft genug versucht hätte, welche zu bekommen.

Und dann war da noch Mike. Er war glücklich verheiratet, hatte zwei Kinder, war sich immer noch unsicher über das Leben und sich selbst, aber es machte ihm Spaß, in einem ökologisch orientierten Unternehmen arbeiten zu können. Auch sein Haar wurde schon deutlich dünner, aber das machte ihm nichts aus. Seine wichtigste Stütze im Leben war seine Liebe zu seiner Frau Tessa und ihre Liebe zu ihm. Mike war auf der Suche nach dem Sinn des Lebens, nach der Bedeutung des Ich. Er bemühte sich, das Warum, Wie, Wo und Wann von allem herauszufinden. Dies verband ihn mit Tessa, die ein ähnlich starkes Interesse am spirituellen Weg hatte.

So saßen die sechs Freunde, obwohl ihr Gefühl der Verbundenheit deutlich abgenommen hatte, wieder bis spät in die Nacht zusammen, und auch diesmal versprachen sie einander, genau zehn Jahre später am selben Ort erneut zusammenzukommen. Wieder stellten sie in Mikes hundertjährigem Kalender das genaue Datum fest, und wieder floß ein Glas Rotwein über ihre Hände, um ihrem Versprechen das nötige Gewicht zu geben.

Zehn Jahre intensiven Lebens vergingen. Und dann saßen die Freunde anläßlich ihres dritten Zehnjahrestreffens zusammen. Mike war sich zwar sehr unsicher, ob es eine so gute Idee war, diese Treffen alle zehn Jahre weiter fortzusetzen, aber er war trotzdem einige tausend Kilometer gereist, um an diesem Abend dabei zu sein.

2
Zeit zum Loslassen

Als Mike die anderen sah, war er leicht schockiert. Augenscheinlich war es *keine* gute Idee gewesen, sich noch einmal zu treffen. Sie hätten die Sache beim letzten Mal beenden und auf sich beruhen lassen sollen. Mein Gott, Lenny war tot, schon beerdigt, und er hatte nichts davon gehört. Gus erzählte es. Lenny war an einem Herzinfarkt gestorben. Einem Herzinfarkt! Wie konnte so etwas passieren? Er hatte nie an diese Möglichkeit gedacht, und nun war Lenny tot.

Mike seufzte und stützte den Kopf in die Hände, während er versuchte, damit fertig zu werden, daß sein alter Freund tot war.

»Mike, ist alles in Ordnung?« fragte Gus.

»Ja«, seufzte Mike. »Es ist alles in Ordnung. Ich bin nur ein bißchen schockiert darüber, wie es dem armen Lenny ergangen ist. Daß er einen Herzinfarkt bekommen hat, geht mir nicht aus dem Kopf.«

Gus lachte. »Aber so etwas passiert doch heute ständig. Das ist doch völlig normal.«

»Sag das doch mal Lenny«, entgegnete Mike. »Sicher würde es ihn freuen, wenn er hören würde, daß das, was ihm passiert ist, völlig normal ist.«

Mikes Blick schweifte durch den großen Saal des *Café Anders* und kam auf den Gedanken, daß man dem Restaurant beim letzten Besitzerwechsel besser den Namen *Café Niedergang* gegeben hätte. Nicht daß es eine Kaschemme gewesen wäre, aber verglichen mit dem schicken und von einer zahlungskräftigen Kundschaft besuchten *Neptuns Reich* war das Ambiente deutlich anspruchsloser. Die Wände waren mit einer Tapete beklebt, die eine Art Bambusmuster aufwies und ein sehr ungezwungenes und entspanntes Gefühl vermittelte. Bei genauem Hinschauen merkte Mike, daß jedes der Bambusrohre ein Gewebestreifen war. Dadurch entstand ein erstaunlicher Eindruck der Echtheit, der zur angenehm unaufdringlichen Atmosphäre des Lokals beitrug. Das Restaurant war allerdings erstaunlich gut besucht, was zeigte, daß die Einheimischen das Essen zu schätzen wußten. Während Mike seinen Blick durch den Gastraum schweifen ließ, fiel ihm ein paar Tische entfernt einen älterer Mann auf, der ihn mit einem so vertraulichen Lächeln anschaute, daß er erschrak.

Da Mike sich nicht in der Lage fühlte, diesen aufrichtigen, direkten Blickkontakt zu erwidern, schaute er hastig weg. Etwas deprimiert wandte er sich wieder seinen nur mehr vier Freunden zu, zwischen denen sich mittlerweile ein Gespräch entwickelte. Das dröhnende Lachen früherer Zeiten war verstummt. Statt dessen schauten sie einander schweigend an, wie Pokerspieler, die ihre Karten fest gegen die Brust gedrückt halten.

Dichte Rauchwolken waberten um Gus, der immer wieder an einer dicken Zigarre zog, während am anderen Ende des Tischs Pete eine Mentholzigarette rauchte. Mike empfand die Verbindung dieser beiden Faktoren als ziemlich unangenehm, und ihm war deswegen leicht übel.

»Wollt ihr uns diesen fürchterlichen Qualm etwa den ganzen Abend ins Gesicht blasen?« fragte er.

»Du wirst es schon überleben«, brummte Pete und kippte in großen Schlucken sein Bier hinunter.

Lange starrten die alten Freunde sich nur an. Allen war klar, wie fremd sie einander geworden waren. Hätten sie die Möglichkeit gehabt, sich noch einmal zu entscheiden, wäre wohl keiner von ihnen an diesem Abend gekommen.

Mike stieß innerlich einen Seufzer aus. Sie hatten einfach nichts mehr miteinander gemeinsam! Pete, Steve und Gus tranken reichlich Bier, während er und Mac beim Wein geblieben waren. Mike war ein Chardonnay am liebsten, Mac hingegen schien keine besondere Vorliebe zu haben. Er trank einfach, und Mike war sich nicht sicher, ob er überhaupt etwas schmeckte. Was für ein Schlamassel, dachte er und seufzte erneut innerlich. Das Schweigen hielt immer länger an.

Schließlich durchbrach Steve die unangenehme Stille mit einem heftigen Ausbruch.

»Scheiße! Da sitzen wir nun mit unserem ganzen Mist und versuchen, so zu tun, als sei alles in bester

Ordnung – abgesehen davon, daß Lenny gestorben ist. Das ist einer der großen Scheißhaufen des Lebens, mit dem wir alle irgendwann zu tun haben werden.«

»Danke für diese erstaunliche Erkenntnis«, antwortete Mac, »aber was mich persönlich angeht, könnte mein Leben viel schlimmer sein. Ich bin jetzt Professor und auf meinem Gebiet als Experte anerkannt. Ich kann also wirklich nicht klagen.«

»Und was ist mit deiner Ehe?« fragte Mike.

Mac sackte sichtlich in sich zusammen, seufzte, zuckte die Achseln und sagte dann: »Welche Ehe? Ich bin nicht mehr verheiratet. Betty hat mich vor drei Jahren verlassen. Aber ich habe gelernt, ohne sie zu leben.«

»Sogar eine schlechte Frau ist besser, als gut zu wichsen«, warf Steve in einer philosophischen Anwandlung ein, »und ich sollte es nun wirklich wissen.«

Mac wurde rot. »Das solltest du in der Tat. Aber Gott sei Dank sind wir nicht alle wie du ...«

»Oh, danke für das Kompliment«, erwiderte Steve höhnisch, »aber dein knallrotes Gesicht hat dich leider verraten, Freundchen.«

»Heh, heh«, sagte Mike, stand auf und breitete beschwichtigend die Hände aus. »Was zum Teufel ist nur mit uns los? Ich bin doch nicht Tausende von Kilometern gefahren, um mich hier mit euch zu prügeln oder um euch beim Streiten zuzuhören. Denkt daran, hinter uns liegt ein langer Weg. Meint ihr nicht, wenn wir es in unserer Teenagerzeit geschafft haben, uns nicht zu verkrachen, könnte uns das auch als Erwachsene gelingen?« Er schaute in die Runde und lächelte die anderen an. »Ich möchte euch einen Vorschlag machen. Wir alle haben unsere Geheimnisse; da wollen wir uns nichts vormachen. Aber hier in dieser Runde sind unsere Geheimnisse sicher. Ich gebe euch mein Wort darauf, daß ich über kein Geheimnis, das uns hier irgend jemand mitteilt, anderswo jemals sprechen werde. Ihr wißt schon, was wir jetzt tun können ...«

Dann setzte er sich wieder hin, streckte eine Hand aus und hielt in der anderen ein Glas mit Rotwein. »Laßt uns die Hände zusammenlegen und ein Schweigegelübde ablegen. Alles, was hier gesagt wird, bleibt unter uns, damit jeder seine Last abwerfen kann. Und sollte jemand dieses Gelübde brechen, droht ihm ein schrecklicher Tod.«

Zögernd streckten nacheinander alle ihre Hände vor, und Mike goß Wein darüber. Dann schauten sie einander etwas ängstlich in die Augen, doch was sie sahen, muß beruhigend gewirkt haben, denn einer nach dem anderen entspannte sich, und schließlich lächelten alle.

Mike, der sich wieder hingesetzt hatte, sagte: »Möchte irgend jemand beginnen? Aber fühlt euch nicht gezwungen. Wenn niemand möchte, mache ich den Anfang.«

»Zum Teufel, diese Kleinigkeit kann ich schon übernehmen«, knurrte Steve, nahm einen tiefen Schluck aus seinem Glas und schaute herausfordernd in die Runde. »Mein Leben ist ein erstklassiges Scheißhaus. Ich habe es geschafft, praktisch alles zu vergeigen, was ich jemals angefangen habe. Und ihr könnt mir Arschloch ruhig glauben, daß ich es versucht habe. Zuerst war ich bei der Handelsmarine, wie ihr wißt, doch das stellte sich schnell als kompletter Reinfall heraus. Ich blieb die erforderliche Mindestzeit dabei und hoffte, daß noch irgendwas Gutes rauskommen würde, aber geschissen ... und dabei ist es geblieben. Nichts hat geklappt! Es ist wie ein Fluch. Alles, was ich anpacke, geht in die Hose. Jede Beziehung, jeder Job, einfach alles. Irgendwann werde ich es sicher auch noch schaffen, unsere Freundschaft zu ruinieren ... und die ist so ungefähr das Einzige, was für mich im Moment überhaupt noch einen Wert hat.«

Er schaute die anderen nacheinander an. »Das ist also in Kurzform meine Geschichte. Wie ich es im einzelnen geschafft habe, diesen ganzen Mist zu produzieren, spielt eigentlich keine Rolle. Die Tatsache allein ist entscheidend. Ich bin jetzt an einem Punkt angekommen, wo mir absolut nichts mehr einfällt. Aus meiner Sicht kann ich nur sagen, daß ich Lenny beneide. Ich habe selbst schon mal versucht, mich ins Jenseits zu befördern, aber nicht einmal das habe ich geschafft.«

Mike starrte ihn entsetzt an. Ohne daß es ihm bewußt war, war er den Tränen nahe. Plötzlich stand er ohne nachzudenken auf, ging auf die andere Seite des Tischs und umarmte Steve.

»Steve, ach Steve. Wenn ich nur einen Zauberstab hätte und all das ändern könnte.« Er spürte, wie der Schmerz des Freundes ihn immer stärker erfaßte, bis ihm seine eigene starke emotionale Reaktion peinlich wurde. Als er sich schließlich wieder setzte, war er nicht mehr in der Lage, noch irgend etwas zu sagen.

Nacheinander standen auch die drei anderen auf und umarmten Steve. Zuerst fühlten auch sie sich unwohl dabei, doch bald war für sie nur noch der Ausdruck der Anteilnahme wichtig und ihr inneres Entsetzen darüber, wie leicht es jedem anderen in der Gruppe ebenso hätte ergehen können.

Niemandem war nach Steves Ausbruch zum Sprechen zumute. Alle tranken noch mehr Bier und Wein, um die Spannung abzubauen. Und die erhoffte Wirkung trat ein!

Dann schaute Gus sich im Kreis um und räusperte sich. Er hatte sich in den letzten zehn Jahren körperlich so stark verändert, daß Mike in ihm kaum noch den kleinen, drahtigen und schlanken Gus seiner Jugend wiedererkennen konnte. Er war jetzt völlig kahl, rund wie eine Kugel und watschelte eher, als daß er ging. Spontan kam Mike der Gedanke, daß er hier einen sicheren Kandidaten für einen Herzinfarkt vor sich hatte, auch wenn Gus lebendig, voller Energie und so humorvoll wie eh und je zu sein schien.

»Wenn ich mir mein Leben anschauen und es beurteilen soll, kann ich mich weder als Erfolgsmensch noch als Versager bezeichnen«, fing Gus an. »Ich weiß, daß ich meine Frau wesentlich stärker liebe als sie mich und daß ich meine beiden Mädchen, Jenny und Mandy, anbete. Ich weiß auch, daß ich allen dreien völlig egal bin, und ich frage mich sogar, ob sie überhaupt in der Lage sind, einen anderen Menschen zu lieben.« Gus' Gesicht verzog sich zu einer Grimasse, und er wendete traurig seinen Blick ab. »Wißt ihr, ich habe mich bis zu diesem Augenblick nie mit solchen Gedanken beschäftigt, und ich mußte es erst laut aussprechen, bevor mir klar wurde, daß es wirklich so ist. Es ist so wahr, daß es mich erschreckt. Und wißt ihr, was noch merkwürdiger ist? Es spielt für mich keine Rolle. Solange ich sie lieben kann und sie ein Teil meines Lebens sind, werde ich mich damit abfinden, daß die Dinge so sind, wie sie sind. Es ist einfach alles, was ich habe.«

Er trank einen großen Schluck Bier und rülpste. Sein Gesicht wirkte traurig, offen und verletzt. »Ich weiß, daß sie mich für einen traurigen, fetten, dummen kleinen Stinker halten, der jeden Moment einen Schlaganfall oder einen Herzinfarkt bekommen und tot umfallen kann und ihnen dann nicht mehr im Weg ist.« Er schüttelte nachdenklich seinen Kopf. »Das Leben ist verdammt übel. Ich bin der beste Zeichner in unserem Team. Ich werde wegen meiner Fähigkeiten sehr geschätzt. Alle halten mich für erfolgreich, für jemanden, von dem man noch etwas lernen kann ... und zu Hause, wo ich meine beruflichen Fähigkeiten nicht brauche, bin ich nichts weiter als der kleine Stinker.«

Mike wurde klar, daß Gus nicht mehr der lustige Vogel von früher war, und er sah nun auch, wer sich früher hinter der Maske des Spaßvogels verborgen hatte. Wie alle anderen wußte auch Mike, daß Gus anderen Menschen stets mit einer Maske begegnete. Ohne diese Maske war Gus ein unglücklicher, niedergeschlagener Mann.

Gus lächelte traurig. »Komisch, aber es hilft mir, daß ich das alles gesagt habe. Ich fühle mich jetzt nicht mehr so allein damit. Wenn man es nicht einmal mehr wagt, sich mit seinen eigenen tieferen Gedanken zu beschäftigen, wenn man sich nicht mehr traut, sie an die Oberfläche kommen zu lassen, dann ist man sehr einsam und isoliert. Und ich bin jetzt schon sehr lange in dieser Verfassung.«

Er lächelte den anderen zu und hielt sein Glas empor. »Deshalb danke ich euch dafür, daß ihr mir zugehört habt. Steve kann jetzt darüber nachdenken, ob sein Leben wirklich das Schlimmste ist. Ich würde mit ihm nicht tauschen wollen, aber nur, weil mir ein Teufel, den ich schon kenne, lieber ist als einer, der mir neu ist. Zumindest ist Steve nicht an Beziehungen gefesselt, die ihm nur Schmerzen bereiten. Was ich gern wissen möchte, ist ziemlich einfach: Wohin soll ich von hier aus gehen? Ist das der Rest meines Lebens? Kann ich etwas daran ändern?« Er schüttelte mutlos den Kopf und schloß: »Ich weiß es einfach nicht.«

Mike schüttelte ebenfalls den Kopf. Er war wie betäubt. Nach einer Weile erhob er sein Glas.

»Auf eine gute Zukunft für uns alle. Möge die Sonne uns weiterhin scheinen.«

Doch dieser tapfere Aufmunterungsversuch verfehlte seinen Zweck völlig.

Alle wirkten ziemlich erschüttert. Niemand lächelte mehr. Deshalb machte Mike einen neuen Versuch. »Sonst noch jemand? Das ist der richtige Zeitpunkt, um alles herauszulassen. Es ist eure Chance zu einer gründlichen Reinigung.«

Pete schaute unter seinen buschigen schwarzen Augenbrauen in die Runde und begann zu reden. »Ich bin so bereit, wie ich es nur sein kann. Bisher habe ich hier nichts außer Problemen gehört. Ich bekomme sie jeden Tag zu hören. Denkt daran, daß ich bei der Polizei bin. Ich war Sergeant, als wir das letzte Mal zusammen waren, ich bin immer noch Sergeant, und ich werde es auch noch sein, falls wir uns in zehn Jahren hier wiedersehen sollten – vorausgesetzt, irgend jemand von uns lebt dann noch.«

Für einen Mann von seiner Größe hatte er eine sehr weiche und leise Stimme. Trotz der riesigen Wampe, die er mit sich herumschleppte, bewegte er sich erstaunlich geschmeidig. Sein Haar war so schwarz wie seine Augenbrauen, und er hatte einen ziemlich kurzen Bürstenschnitt.

»Wahrscheinlich werdet ihr über mein Problem lachen, und tatsächlich ist es verglichen mit euren ziemlich klein; aber es bestimmt mein Leben. Wißt ihr, ich bin ein netter Kerl, und so lange ich ein netter Kerl bleibe, mögen mich alle. Und natürlich gefällt es mir, wenn alle mich mögen. Ich mag es, beliebt zu sein. Aber ich möchte auch befördert werden. Vor Jahren glaubte ich, ich wollte das gar nicht, aber ich will es doch. Doreen, meine Frau, spornt mich immer wieder an, Weiterbildungskurse für eine Beförderung mitzumachen, und eigentlich will ich das sogar selbst, aber irgendwie kann ich es einfach nicht.«

Mike starrte Pete mit verwundertem Stirnrunzeln an.

»Was meinst du damit, daß du es nicht kannst? Natürlich kannst du es.«

Pete schüttelte traurig den Kopf. »So einfach ist das nicht. Wer befördert wird, wird stärker isoliert, hat weniger Freunde. Es wird hinter deinem Rücken geredet, und die haarsträubendsten Geschichten gehen herum. Trotz des ständigen ›Ja, Sir‹ und ›Sehr gut, Sir‹ ist es ein Fressen und Gefressen-Werden. Das sind die unvermeidlichen Begleiterscheinungen jeder Beförderung. Sobald man sich für die Karriere entschieden hat, kann man kein Kumpel mehr sein.«

»Aber wie ist es denn für dich, Sergeant zu sein?« fragte Steve.

»Das ist okay. Ich bin immer noch einer von ihnen. Ich kann mich um die Burschen kümmern, und wenn ich vorsichtig bin, gehöre ich weiter noch zu ihnen. Wir können nach Dienstschluß zusammen einen heben, lachen und uns amüsieren, und diese Dinge sind mir nun einmal sehr wichtig. Es ist sogar so, daß ich das brauche. Wenn ein Inspektor auch nur an uns vorbeigeht, verstummen alle und warten, bis er außer Hörweite ist. Ich weiß, wie das läuft, und genau deshalb bin ich mir nicht sicher, ob ich damit leben könnte. Wenn ich befördert werde, ist es mit der Kameradschaft vorbei – aus, kaputt!«

»Scheint mir so, als ob du dich entscheiden müßtest«, sagte Gus und zuckte die Achseln. »Beides gleichzeitig geht wohl nicht.«

»Ich weiß«, antwortete Pete. »Aber ich bin an einem schwierigen Punkt angekommen: Ob ich es tue oder nicht, beides hat Nachteile. Ich möchte weder mit Doreen noch mit den Kumpels Ärger haben. Deshalb sitze ich im Sumpf meiner eigenen dämlichen Unzulänglichkeit fest. Und unzulänglich bin ich an diesem Punkt in meinem Leben nun wirklich. Anderen Menschen, die in Krisen stecken, kann ich helfen, aber bei meinen eigenen Problemen versage ich kläglich. Und es bleibt mir nicht mehr viel Zeit, um eine Lösung zu finden. Wenn man mich als zu alt oder zu unentschlossen abstempelt – und das kann jederzeit passieren –, hat sich das Problem von selbst erledigt. Ihr kennt das sicher. So was spricht sich herum: ›Schade um den armen alten Pete. Sie haben ihn übergangen und irgendeinen Neuen bevorzugt.‹«

Er zuckte die Achseln. »Na ja, das ist mein Problem, und es geht natürlich auf mein eigenes Konto, aber so bin ich nun mal.«

»Tja, und da bin ich den ganzen langen Weg hierhin gefahren, nur um mir all diese traurigen Geschichten anzuhören«, sagte Mike scherzhaft.

Mac, der mittlerweile schon reichlich Wein konsumiert hatte, stand schwankend auf und verkündete mit lauter Stimme: »Das sind doch alles Kleinigkeiten, die ihr da erzählt. Wenn ihr richtige Probleme kennenlernen wollt, dann hört mir zu.«

Da er bedenklich schwankte, packte Mike ihn am Arm und zog ihn auf seinen Stuhl zurück. »Okay, da sich alle hier so richtig auskotzen, bist du jetzt dran. Aber sprich ein bißchen leiser.«

Mac holte tief Luft und riß sich sichtlich zusammen. »Ich bin also jetzt so ein dämlicher Professor. Na und? Professor für dämliche englische Literatur. Und was?

Interessiert niemanden! Als Kind wollte ich unbedingt Professor werden; das war mein oberstes Ziel. Aber das Prestige, das ich mir davon versprochen habe, existiert schlicht und einfach nicht. Ich dachte, ich würde dann Gott weiß wie berühmt und angesehen.« Er schüttelte den Kopf. »Aber so ist das nicht. Daß ich Professor bin, interessiert keinen. Ansehen hat man nur bei denjenigen, die gar nichts wissen, und denen ist es letztendlich auch egal.«

Er schaute sie mit verstohlenem Blick unter seinen dichten Augenbrauen an.

»Und dann ist da noch der Sex. Keiner hier hat wirklich darüber geredet. Sehe ich das richtig? Mein Sexualleben ist völlig im Arsch. Ich denke an nichts anderes als Sex. Sex, Sex, Sex – mein Geist ist ständig mit sexuellen Phantasien beschäftigt. Und in keiner davon geht es um schönen, sanften und sicheren Sex.«

Er starrte Steve mit wildem Blick an. »Du meinst, du wüßtest, was Wichsen ist? Hah! Ich wichse manchmal ein Dutzend Mal am Tag; es ist nie genug ... und es ist nie auch nur im Entferntesten gut.«

Seine Stimme verfiel in ein Flüstern, als er zögernd fortfuhr: »Und ich weiß nicht, wie ich damit aufhören soll. Ich weiß nicht, wie ich diese sexuellen Gedanken loswerden soll, die mich den ganzen Tag über verfolgen, meinen Geist beherrschen und mein ganzes Leben verderben. Selbstmord? Ich habe nie versucht, mich absichtlich umzubringen. Ich habe mich zwar immer wieder in gefährliche Situationen gebracht, sie aber jedesmal unversehrt überlebt.«

Er schaute die anderen an. »Das ist die Leiche, die bei mir im Keller liegt. Ziemlich ekelhaft, und um ehrlich zu sein: Ich schäme mich dafür. Aber was soll ich machen? Weiß irgend jemand von euch eine Lösung?«

Steve saß kerzengerade da, und an seinem Gesicht war deutlich die Verblüffung zu erkennen. »Scheiße! Das schlägt doch dem Faß den Boden raus! Und ich habe immer gedacht, du stehst über allem. Tut mir echt leid, wie es dir ergangen ist. Ich habe einmal gedacht, ich würde mich freuen, irgendwann zu hören, daß du dein Ziel erreichst hast. Jetzt tust du mir nur leid. Du armes Schwein. Niemand hat so was verdient.«

»Kannst du dir keine Frau zulegen, damit du sexuell nicht so frustriert bist?« fragte Pete.

»Meinst du, das hätte ich nicht probiert?« antwortete Mac. »Findet ihr, daß ich so schlecht aussehe? Seid bitte ehrlich.«

Mike machte eine große Show daraus, Mac von Kopf bis Fuß zu taxieren. »Nun, alles in allem würde ich meinen, im Dunkeln könntest du schon als normal durchgehen! Aber jetzt mal im Ernst: Du siehst ziemlich gut aus, Mac. Was ist das Problem?«

»Das Problem ist, daß keine Frau, die ich dazu herumkriege, mit mir ins Bett zu gehen, jemals zurückkommt, um das noch ein zweites Mal zu erleben.«

Pete wieherte los. »Vielleicht machst du es mit ihnen von hinten statt von vorn. Die meisten mögen das nicht.« Wieder lachte er. »Deshalb kommen sie nicht zurück, verstehst du: weil sie es von rückwärts nicht mögen! Verstehst du das?«

»Ja, du infantiler Idiot«, antwortete Mac wütend. »Ich verstehe es. Du hast immer noch den gleichen dämlichen Humor wie früher.«

Mike schaute um sich, um festzustellen, ob irgend jemand ihr Gespräch belauschen konnte. Wieder fiel sein Blick auf den alten Mann. Trotz der Entfernung und der zwischen ihnen stehenden Tische hatte er das deutliche Gefühl, daß der Alte jedes Wort, das sie seit ihrer Ankunft gesprochen hatten, mitgehört hatte. Wieder fesselte der Blick des Mannes ihn mit einer solchen Vertraulichkeit und Offenheit, daß ihm dies plötzlich sehr unangenehm wurde. Der Kerl mußte schwul sein.

»Jetzt bleibt wohl nur noch einer, der noch nichts über sich erzählt hat«, stellte Gus fest. Sein Blick schweifte über den Tisch und blieb an Mike haften. »Du bist weit gefahren, Mike. Nun sorge selbst dafür, daß sich die Reise lohnt.«

Mike schluckte. Er dachte über den alten Mann nach. Zum Teufel mit ihm! Seine, Mikes Geheimnisse waren nichts verglichen mit denen von Gus, Mac oder dem armen Steve.

Nachdem er einen kräftigen Schluck von seinem Chardonnay getrunken hatte, schaute er die anderen nachdenklich an. »Wenn ihr von mir etwas noch Schlimmeres erwartet als das, was wir heute abend schon gehört haben, muß ich euch enttäuschen. Ich bin seit achtzehn Jahren sehr glücklich mit Tessa verheiratet. In dieser Hinsicht könnte es mir gar nicht besser gehen. Meine beiden Kinder sind wundervoll, und wir haben eine gute Beziehung zueinander. Natürlich könnte sie noch besser sein; aber wie ich das hinbekommen könnte, weiß ich nicht. Dawn ist jetzt fünfzehn, und in dieser neuen Welt der Computer und elektronischen Spielzeuge bin ich mir nicht einmal sicher, ob wir die gleiche Sprache sprechen. Billy ist siebzehn, ein guter Kerl. Das einzige Problem, das ich mit ihm habe, ist ebenfalls, daß wir in zwei unterschiedlichen Welten zu leben scheinen. Sonst ist zwischen uns alles okay. Nur könnte es noch besser sein.«

»Wessen Schuld ist das?« fragte Pete.

»Wenn ich fair bin, muß ich sagen, wahrscheinlich meine«, antwortete Mike. Er zögerte, weil er sich unsicher war, wie er fortfahren sollte. »Sie halten Tessa und mich für ein bißchen komisch, besonders mich.« Er holte tief Luft. »Weil ihr so ehrlich gewesen seid, muß ich euch jetzt etwas sagen, das ich lange vor euch geheimgehalten habe. Wißt ihr, das Wichtigste für mich ist mein spiritueller Pfad. Ich befinde mich auf einer Reise zum Selbst. Ich möchte ... nein, ich muß herausfinden, wer ich bin. Ich habe das Bedürfnis, die Geheimnisse des Lebens zu ergründen, den Sinn des Lebens, den Sinn meines Daseins zu verstehen.« Er wirkte, als würde er sich ein wenig schämen.

»Tessa und ich meditieren viel, und wir nehmen oft an spirituellen Veranstaltungen und Seminaren teil. Und natürlich lesen wir auch ziemlich viele Bücher, die sich mit Themen dieser Art beschäftigen. Ich persönlich lese am liebsten visionäre Fiction.« Er spürte, daß der alte Enthusiasmus ihn wieder durchflutete. »Gerade habe ich das Buch *Der Junge ohne Schatten* von Michael Roads gelesen. Es geht darin um Vision, Leidenschaft und Handeln. Es ist wirklich gut; ihr solltet es einmal lesen.«

Die anderen Vier starrten Mike überrascht an.

»Was schwafelst du da?« fragte Pete.

»Großer Gott! Du bist also auch einer von diesen New-Age-Idioten!« warf Gus ein.

Steve entgegnete: »Ich glaube nicht, daß das idiotisch ist. Diese Lehren beschäftigen sich damit, woher unser Elend kommt, und vielleicht liefern sie auch eine Antwort darauf, wie wir aus unserem Mist herauskommen können.«

»Ich habe auch solche Bücher gelesen«, sagte Mac leise, »und falls es überhaupt irgendwo Lösungen für meine speziellen Probleme gibt, werde ich sie wahrscheinlich dort finden.«

Mike wirkte amüsiert und gleichzeitig erfreut. »Das überrascht mich. Zwei von euch halten mich für einen Idioten, und das ist okay für mich, und zwei sind offen für einen anderen Ansatz. Zwei von vier ist wesentlich mehr, als ich erwartet hätte.«

»Tut mir leid, Mike, aber ich persönlich halte das alles für übergeschnappt, und dabei bleibe ich«, sagte Pete. »Du bist mir ja durchaus sympathisch, aber du kannst so schrecklich einfältig sein. Leute wie dich muß ich wegen Sitzstreiks und ähnlichem Blödsinn festnehmen.«

Mike lachte. »Du wirfst wohl alles, was nicht dem normalen Mittelmaß entspricht, in einen Topf. Ich persönlich habe noch nie an einem Sitzstreik teilgenommen, um gegen irgendeine umstrittene Entscheidung der Regierung in Umweltfragen oder etwas ähnliches zu protestieren. Aber mein Sohn Billy, der das, was Tessa und ich tun, fürchterlich findet, war mehrmals an solchen Aktionen beteiligt. Er ist sogar einmal festgenommen worden, und ich mußte für ihn eine Kaution bezahlen.«

»Ich hoffe, daß du ihn dir anschließend richtig vorgeknöpft hast«, grollte Pete.

»Nein, das habe ich nicht. Ich habe ihm sogar gesagt, daß ich ziemlich stolz auf ihn bin, weil er sich für eine Sache so stark engagiert. Worum es bei der Protestaktion ging, weiß ich nicht mehr, aber Billy hat sich mit einer Leidenschaft dafür eingesetzt, die mir sehr gefiel. Merkwürdigerweise mag er es nicht, wenn ich etwas mit der gleichen Leidenschaft verfolge.«

»Vielleicht ist ihm nicht klar, woher sie kommt«, meinte Steve.

Mike schaute ihn überrascht und mit erhobenen Augenbrauen an. »Da könntest du Recht haben. Irgendwann sind wir vielleicht auf derselben Wellenlänge. Danke für diesen Hinweis, Steve.«

Steve murmelte verlegen: »Ich wünschte mir, ich könnte mir selbst ebenso leicht helfen.«

Dann ertönte eine sanfte Stimme, die alle überraschte. Sie war von solcher Intensität, daß sie das Gefühl hatten, die Worte könnten auch aus ihrem eigenen Inneren kommen. Jedes Wort schnitt buchstäblich in ihr Bewußtsein und durchdrang problemlos und mit erstaunlicher Kraft ihren persönlichen Gedankenschleier.

»Du könntest, Steve. Ihr alle könntet es. Und wenn ihr es mir gestattet, werde ich euch beibringen wie.«

Fünf Augenpaare schweiften suchend durch den Raum und blieben schließlich auf einem älteren Herrn haften, der sie vom anderen Ende ihres Tisches aus betrachtete.

Mike blinzelte verblüfft. Nur Sekunden vorher hatte er den Alten noch an einem ganz anderen Tisch sitzen sehen, und jetzt stand er hier bei ihnen. Wie hatte er das unbemerkt schaffen können? Was ging da vor sich?

3
Viele Arten des Seins

Mike stotterte: »Wie, zum Donnerwetter, sind Sie von Ihrem Tisch hierher gekommen?«

»Wen interessiert das schon«, knurrte Pete. »Eine Unverschämtheit ist es sowieso! Zisch ab, du Penner, bevor ich dich festnehme.«

Der alte Mann lächelte Pete an, aber seine Augen waren plötzlich kalt wie Eis. »Mit welcher Begründung denn, mein trauriger Freund? Vielleicht weil ich zur rechten Zeit meine Hilfe angeboten habe?«

»Treib es nicht noch auf die Spitze, sonst laß ich mir einen Grund einfallen«, knurre Pete.

»Tu es nur, mein Freund, dann wird aus deinem Beförderungsproblem ein Degradierungsproblem.«

Pete stand auf und baute sich vor dem Alten auf: »Willst du mir etwa drohen, Opa?«

Der Alte schüttelte traurig den Kopf, während er nacheinander alle am Tisch anschaute. »Gestattet, daß ich mich vorstelle. Ich heiße Salvatore, und was ich euch anzubieten habe, entspricht meinem Namen: Erlösung. Aber ihr braucht nur ein Wort zu sagen, und ich werde euch in Ruhe lassen und nie wieder zurückkehren.«

Pete grinste hämisch. »Gut, das Wort lautet: Verpiß dich!«

Der alte Mann verneigte sich leicht und drehte sich auf dem Absatz um. Doch in diesem Augenblick sprang Mike auf und stellte sich vor den Fremden. »Einen Moment ... bitte. Pete hat nicht für mich gesprochen.« Dann schaute er die anderen fragend an. »Vielleicht auch nicht für die anderen. Bitte, bleib hier ... Ich ... ich habe das Gefühl, daß das wichtig ist.«

Er deutete auf den leeren Stuhl, der neben seinem Platz stand, und ohne genau zu wissen warum, versuchte Mike weiter, zu retten, was noch zu retten war. »Ich spreche nur aufgrund meines Instinkts, und ich bin mir auch nicht sicher, was ich sagen soll, aber ich weiß, daß ich zumindest hören möchte, was du uns zu sagen hast. Ich bin neugierig darauf.«

»Das ist die Intuition, nicht der Instinkt«, korrigierte der alte Mann ihn mit einem Lächeln.

»Wie? Das verstehe ich nicht«, antwortete Mike mit einem deutlichen Ausdruck der Verblüffung.

»Ich weiß. Deshalb habe ich ja meine Dienste angeboten. Nur um es klarzustellen: Menschen sind intuitiv, Tiere handeln instinktiv.«

»Oh.« Mike zappelte aufgeregt herum.

»Hast du gesagt, du heißt Salvatore und behauptest, unser Erlöser zu sein, oder habe ich das nur geträumt?« fragte Steve.

»Soweit es meinen Namen betrifft und meine Aufgabe, warst du wach. Ein Traum ist der Rest deines Lebens«, antwortete der Alte.

»Und von was glaubst du uns erlösen zu können?« fragte Gus.

»Von eurem Traum – oder sollte ich besser sagen, vom Alptraum eures Lebens? Von eurer Hilflosigkeit, eurer Unzulänglichkeit, eurer Frustration und eurer Unwissenheit.«

»Heh, paß bloß auf damit, was du uns anhängst«, grollte Pete.

»Du selbst hast dich doch als unzulänglich bezeichnet«, erinnerte der alte Mann ihn. »Aber ich bin ganz bestimmt nicht gekommen, um mit euch über Worte zu streiten. Möchtet ihr von dem Chaos, zu dem euer Leben geworden ist, erlöst werden, oder ist euch lieber, wenn es weiter in die Richtung läuft, die ihr ohnehin schon eingeschlagen habt? Ich werde euch jetzt zehn Minuten allein lassen. Denkt über das, was ich gesagt habe, nach, und sprecht miteinander darüber.«

Als Salvatore aufstehen wollte, packte Mac ihn am Arm und sagte: »Nicht so schnell. Ich muß noch ein paar Fragen klären, bevor ich auch nur weiß, was ich über diesen ganzen Erlösungskram denken soll. Ich weiß, sie klingen dämlich und sogar melodramatisch, aber ich muß sie trotzdem stellen. Bist du mit dem Teufel im Bund? Erwartest du von uns, daß wir dir als Gegenleistung für deine Hilfe unsere Seele verkaufen? Und falls du uns wirklich helfen willst: Was hast *du* davon?«

Der alte Mann stand auf, und Macs Arm fiel von ihm ab, als wäre er plötzlich mit großer Hitze in Berührung gekommen. Er schaute Mac mit traurigem Ausdruck an und sagte: »Wahrscheinlich sind solche Fragen nicht zu vermeiden, aber ich hatte wirklich einen besseren Eindruck von dir. Ich will großzügig sein und annehmen, daß es mit dem Alkohol zusammenhängt. Also: Ich bin *nicht* mit dem Teufel im Bund. Das Gegenteil wäre schon eher zutreffend. Und was eure Seele angeht: Was wißt ihr über eure Seele? Und was für mich dabei herausspringt? Freude. Befriedigung. Und eine unglaubliche Erfüllung. Diese Dinge erlebe ich, wenn ich Menschen wie euch beibringe, ihre innere Macht zu finden und zu nutzen.«

Nachdem er dies gesagt hatte, entfernte er sich vom Tisch und ging quer durch den Raum, als würde plötzlich ein Schatten über die Sonne huschen.

»Ein völlig normaler Spinner«, sagte Pete verdrießlich. »Die Welt ist voll davon. Und ich muß es wissen, denn ich schlage mich die Hälfte meiner Arbeitszeit mit diesen Kerlen herum. Wenn er wiederkommt, sagen wir ihm einfach, er soll sich verziehen.«

Mike schüttelte den Kopf. »Das mag deine Realität sein; meine ist es nicht. Ich glaube, daß er uns wirklich etwas zu bieten hat. Ich habe ihn beobachtet, und irgend etwas an ihm ist sehr ungewöhnlich.«

»Ja, wie ich schon gesagt habe: Er ist ein Spinner«, knurrte Pete. »Und was war das mit meiner Realität und deiner? Ist das dieser New-Age-Scheiß?«

Mike grinste und nickte. »Ich glaube schon. In meinem Leben, meiner Welt oder meiner Realität ist es möglich, mit einem alten Mann wie Salvatore zusammenzutreffen, der etwas anders als normal ist. Natürlich ist so etwas auch in meiner Welt äußerst unwahrscheinlich und kommt sogar eher selten vor, aber unmöglich ist es nicht. Ich nehme an, daß so etwas in deiner Realität entweder unmöglich oder inakzeptabel ist. Daß Salvatore nicht unmöglich ist, hat er schon bewiesen; also muß er für dich inakzeptabel sein. Und das ist schade.«

»Aber wie kommt jemand dazu, seinen Namen – und noch dazu diesen – zu seinem persönlichen Programm zu machen?« fragte Mac. »Ich meine, hat jemand von euch schon einmal einen Salvatore kennengelernt, der behauptet, nicht nur so zu heißen, sondern das auch zu sein – nämlich ein Erlöser?«

»Wir gerade eben«, erwiderte Steve. »Ich zumindest würde mir gern anhören, was dieser Kerl uns zu sagen hat. Sehen wir doch einmal den Tatsachen ins Auge: Was wäre gewesen, wenn er gesagt hätte, er hieße Jesus? Würden wir uns dann besser oder sicherer fühlen? Oder würden wir ihm ebensowenig glauben?«

»Ich hätte ihn auf der Stelle festgenommen; *das* wäre passiert«, sagte Pete. »Man kann bekannte Kriminelle doch nicht frei herumlaufen lassen.«

»Meinst du, die Bibel hat Unrecht?« sagte Mike in spöttischem Ton. »Jesus war ein bekannter Krimineller?«

Pete schmunzelte mit einem Ausdruck der Überlegenheit und antwortete dann: »Nach den Gesetzen der damaligen Zeit war er tatsächlich ein bekannter Krimineller.«

Mike nickte unwillig. »Diese Antwort habe ich mir wohl selbst zuzuschreiben. Aber ist es nicht merkwürdig, wenn das Gesetz krimineller ist als die Gauner? Nehmen wir einmal an, Jesus würde in unserer Zeit tatsächlich wieder auftauchen, und zwar als ein alter Mann mit Namen Salvatore?«

»Was für eine Scheiße! Willst du dich über mich lustig machen oder was?« Pete schaute ihn entgeistert an.

Mike zuckte die Achseln. »Wir können ja abstimmen. Aber eines möchte ich klarstellen: Wenn *ihr* nicht mehr mit ihm reden wollt, *ich* will es, und das werde ich ihm auch sagen. Also: Wollen *wir* oder will *nur ich*?«

»Ich möchte hören, was er uns zu sagen hat«, stellte Steve klar fest.

Gus zuckte die Achseln. »Mir ist es nicht so wichtig. Aber ihr könnt mich dazuzählen.«

Alle schauten Pete an.

Pete schüttelte wütend den Kopf. »Ich kann einfach nicht glauben, was hier läuft. Wenn die Kumpels auf der Wache das hören würden, würden sie sich über mich totlachen. Zum Teufel mit euch; ich mach da nicht mit. Und um es klar zu sagen: Das war das letzte Treffen, an dem ich teilgenommen habe.«

Danach stand Pete auf, schaute alle an und sagte: »Ihr seid mir schon schöne Freunde.« Dann verließ er schnell das Restaurant. Sein blitzschneller Rückzug machte seine Freunde sprachlos.

Mike schüttelte heftig den Kopf. »Haben wir gesagt, er soll sich verziehen? Oder habe ich das nicht mitbekommen? Mein Gott, was für eine Reaktion.«

»In seinem Leben scheint es nur darum zu gehen, was seine Kumpels über ihn denken könnten«, meinte Steve. »Und ich dachte, *ich* hätte Probleme.«

»Tut mir leid, daß ihr euch meinetwegen überworfen habt.«

Die Stimme war zwar leise, hatte aber auch diesmal wieder alles andere durchbrochen und sie zum Zuhören gezwungen. Ohne daß sie es gemerkt hatten, war der ältere Mann zurückgekehrt.

Steve erholte sich als erster. »Das ist nicht deine Schuld, alter … aaah … ähm …. Salvatore. Wir kennen uns einfach schon zu lange. Das macht es schwer, sich weiter so nahe zu bleiben, wie wir uns einmal standen. Wir haben sehr unterschiedliche Wege eingeschlagen, und weil Pete bei der Polizei ist, haben sich bei ihm in bestimmten Punkten sehr beschränkte Ansichten entwickelt.«

»Um fair zu sein: Ich glaube, daß er diese Beschränkungen schon immer gehabt hat und daß sie nicht durch den Polizeidienst entstanden sind«, stellte Mike fest. »Schon als Kind war es für ihn wichtig, gebraucht zu werden. Ich weiß noch genau, wie wir ihn einmal aus unserer Gruppe ausgeschlossen haben. Das war eine schreckliche Strafe für ihn. Natürlich haben wir ihn später wieder aufgenommen. Aber was jetzt passiert ist, ist eigentlich schade, denn in seinem Innersten ist er ein guter Kerl.«

»Ich will ja nicht aufdringlich sein, aber ich möchte immer noch gern wissen, wie du zu dem Namen Salvatore kommst«, sagte Mac entschlossen. »Hast du den

Namen geerbt, angenommen, oder ist dies tatsächlich dein Taufname?«

Der alte Mann saß am Tisch und schaute in die Runde. »Es sieht ganz so aus, als ob wir noch eine Weile hier sitzen würden. Ihr habt sicher bemerkt, daß die meisten anderen Gäste schon gegangen sind; aber macht euch deswegen keine Sorgen. Mir gehört dieses Restaurant. Es dient einem sehr nützlichen Zweck. So merkwürdig es erscheinen mag, wenn in dieser Gegend ein Mensch oder eine Gruppe wie ihr mich in seinem oder ihrem Leben haben will – vielleicht sollte ich auch sagen mich braucht –, kommen die Betreffenden häufig hierher, um zu essen.« Er lachte leise. »Und manchmal ist das, was sie hier bekommen, für sie schwer zu verdauen.«

»So wie es bei Pete war«, warf Mike ein.

»Ja, so wie bei Pete. Aber man muß jedem die Freiheit lassen, seinen Weg selbst zu wählen, und euer Freund hat genau das getan. Und um auf deine Frage zurückzukommen, Mac, will ich dir erklären, woher ich meinen Namen habe. Hör also genau zu.«

Nachdem Salvatore es sich bequem gemacht hatte, starrte er alle einzeln an, als ob er den unterschiedlichen Grad ihres Engagements und ihres Verständnisses zu erfassen versuchte.

»Im Strom des menschlichen Bewußtseins gibt es viele Grundprinzipien. Ich nenne sie Prinzipien der Wahrheit. Ehre ist eines davon, Vertrauen ein anderes, Integrität, Respekt und Akzeptieren sind weitere. Es gibt noch mehr, aber wenn ihr euch in eurem Alltagsleben wahrhaft bemüht, Ehre zum Ausdruck zu bringen, werdet ihr feststellen, daß die meisten anderen Prinzipien Satelliten sind, die um die Ehre kreisen. Wir alle kommen mit einer bestimmten Mission ins Leben, die wir noch nicht kennen. Es ist nicht schwer, sie auszuführen, aber so, wie wir es mit allen Dingen tun, machen wir auch diese Sache kompliziert. Unsere Mission besteht zuerst und vor allem darin, uns in stärkerem Maße zu dem zu machen, was wir sind, und in geringerem Maße zu dem, was wir nicht sind. Unglücklicherweise schaffen die meisten Menschen es, ein völliges Chaos zu produzieren, so daß sie am Ende das genaue Gegenteil dessen tun, worin eigentlich ihre Mission besteht.«

Steve hielt seine Hände empor. »Halt, halt, bitte ein bißchen langsamer. Ich kann nicht mehr folgen. Habe ich das richtig verstanden: Wir sollen uns in stärkerem Maße zu dem machen, was wir sind, und in geringerem Maße zu dem, was wir nicht sind?«

Salvatore nickte. »Genauso ist es.«

»Aber was soll das denn um Himmels willen bloß heißen?« fragte Mac.

»In stärkerem Maße zu dem zu werden, was ihr seid, bedeutet, daß ihr euch in eurem Leben auf die angeborene Größe, Weisheit und Freude konzentriert, die wir alle sind bzw. die in uns allen ist. Wenn ihr in eurem Alltagsleben darauf fokussiert, entwickeln sie sich und gelangen zum Ausdruck. Doch ihr tut meist das Gegenteil, indem ihr euch auf Banales, Negatives und auf Probleme konzentriert. Dies passiert Menschen sehr leicht; man braucht es niemandem erst beizubringen.«

Steve schüttelte den Kopf. »Ich bin mir immer noch nicht sicher, ob ich es richtig verstehe.«

»Kritisierst du dich oder andere Menschen?«

Steves Gesicht nahm einen etwas verschlagenen Ausdruck an. »Klar. Wer tut das denn nicht?«

»Ich zum Beispiel«, antwortete Salvatore. »Wenn ich es tun würde, hätte ich euch nichts zu bieten. Jede Kritik lenkt vom Großen ab und fokussiert auf das Banale. Um zu kritisieren, müßt ihr euch dem zuwenden, was *nicht* so ist, wie es eurer Meinung nach eigentlich sein sollte. Ich empfehle euch, es durch Wertschätzung dessen zu ersetzen, was so *ist*, wie ihr glaubt, daß es sein sollte. Aber wir kommen jetzt etwas vom Thema ab. Die Prinzipien, die ich erwähnt habe, müssen unbedingt im menschlichen Bewußtsein verankert sein und zum Ausdruck gelangen. Deshalb entschließen sich einige, nachdem sie eine bestimmte Ebene erreicht haben, eines oder auch mehrere dieser Prinzipien zum Ausdruck zu bringen und zu verkörpern. Nun wird es euch nicht überraschen zu hören, daß ich Befreiung, Erlösung und Übergabe verkörpere und zum Ausdruck bringe. Mit anderen Worten: Wenn der Schüler bereit ist, liefere ich ihm, was er braucht.« Er lächelte.

»So was habe ich noch nie gehört«, sagte Mac und runzelte die Stirn.

»Das glaube ich dir gern«, antwortete Salvatore. »Es ist offensichtlich, aber mach dir deswegen keine Sorgen. Du bist in guter und zahlreicher Gesellschaft.«

»Ja, beispielsweise gehöre ich dazu«, sagte Steve grinsend.

»Und ich wohl auch«, stimmte Mike ihm zu. »Ich meine damit, daß ich von solchen Dingen schon viel gehört und gelesen habe, aber in der Realität noch nie damit in Berührung gekommen bin. Bis jetzt. Was werden wir nun anfangen?«

»Zunächst einmal kann ich nur etwas vermitteln, wenn eine echte Bereitschaft, es zu empfangen, da ist. Also: Wie steht es mit euch?«

»Ich bin dabei«, sagte Mike entschieden. »Ich wünschte mir nur, daß Tessa hier wäre. Ich nehme an, dies ist eine Chance, wie sie sich nicht oft im Leben bietet. Ich muß mich in den Arm zwicken, um sicher zu sein, daß es die Wirklichkeit ist.«

»Ich bin auch dabei«, sagte Steve. »Wenn man schon so lange in der Scheiße steckt wie ich, lehnt man solche Dinge nicht einfach ab. Und abgesehen davon: So verrückt dies alles auch klingen mag, ich glaube dir.«

»Ich bin offen für das, was du zu sagen hast«, sagte Mac. »Zumindest hoffe ich das! Bisher erscheint mir jedenfalls alles, was du gesagt hast, plausibel.«

Mike schaute Gus an. »Du hast jetzt ziemlich lange nichts gesagt. Was hast du bei alldem für ein Gefühl? Ist es für dich in Ordnung, daß Salvatore für uns zu einer Art Lehrer wird?«

Gus atmete tief ein und ließ die Luft dann langsam und geräuschvoll wieder ausströmen.

»Ihr könnt mir glauben, daß ich ganz genau zugehört habe. Ich bin in einem ziemlichen Dilemma. Persönlich möchte ich das, was hier vor sich geht, gern glauben, aber mein ganzer Background, meine Überzeugungen, sogar der ferne Nachhall meiner Ursprungsreligion sind dagegen. Ich bin mir nicht einmal sicher, ob ich mich all dem widersetzen *könnte*, selbst wenn ich es wollte.«

Salvatore schaute ihm in die Augen und lächelte. »Tut mir leid, Gus, tut mir wirklich leid, aber du mußt dich entscheiden. Das ist für den Prozeß wichtig. Einfach nur so mitzuschwimmen reicht nicht.«

Gus nickte und seufzte. »Ja. Ich verstehe das. Es ist dumm von mir, nicht wahr? Schaut mich an. Habt ihr schon jemals einen Menschen gesehen, der dringender Hilfe benötigte als ich? Glaubt ihr, ich weiß nicht, daß auch ich ein Kandidat für einen Herzinfarkt bin? Um ehrlich zu sein, mir ist das ... mir war das bisher ... egal.« Er schaute Salvatore in die Augen. »Meinst du es ernst, daß ich wirklich und wahrhaftig eine Chance habe? Könnte ich diesen ... diesen völligen Mißerfolg von einem Leben wirklich in etwas Großartiges, etwas Wundervolles verwandeln?«

Salvatore nickte. »Ja, das kannst du, wenn du dich dafür entscheidest, daß du es kannst. Und wenn du diese Entscheidung lebst.«

Der Rauch seiner eigenen Zigarre brachte Gus zum Husten. »Ich nehme an, das ist das Aus für meine Zigarren.«

»Ehren sie deine Lunge, deinen Körper? Ehren Sie das, was an dir großartig ist?«

»Ich verstehe, worauf du hinaus willst«, antwortete Gus, »aber sie sind wirklich gut, und sie unterdrücken den Schmerz.«

»Vor allem unterdrücken sie dein Leben«, erwiderte Salvatore.

»Ich brauche ein Wundermittel«, sagte Gus wehmütig.

»Zufällig kann ich dir etwas Wunderbares anbieten«, antwortete Salvatore. »Ich kann dir eine magische Formel geben. Aber vorher mußt du ein paar grundlegende Dinge in Ordnung bringen. Anschließend brauchst du nur noch täglich eine Dosis von diesem magischen Mittel zu nehmen, und dein Leben wird glücklich und erfüllend sein.«

»Wirklich?« fragte Gus ungläubig. »Oder willst du mich auf den Arm nehmen?«

»Wirklich«, antwortete Salvatore lächelnd. »Das ist meine Spezialität. Ich habe eine unfehlbare Methode entwickelt, die wie Magie wirkt. Aber – und es gibt immer ein Aber – ihr müßt sie benutzen, und zwar täglich.«

»Wenn das alles ist«, sagte Gus, und sein Gesichtsausdruck hellte sich auf. »In diesem Fall bin ich dabei. Wenn du meinst, bei mir sei nicht alles hoffnungslos, will ich es riskieren.«

»Gus«, sagte Salvatore, »hör mir gut zu. Wenn *du* denkst, daß du ein hoffnungsloser Fall bist, bist du es auch. Wenn du hingegen denkst, daß du *kein* hoffnungsloser Fall bist, trifft auch das zu. Nicht was *ich* meine, ist für euer Leben wichtig, und auch nicht, was irgend jemand anders darüber denkt. Euer Leben besteht aus dem, was ihr über euch selbst denkt und glaubt. Also, Gus, entscheide dich jetzt: Bist du ein hoffnungsloser Fall, oder bist du dir einen Versuch wert?«

»Ich bin es mir wert«, sagte Gus und lächelte, als hätte man ihn gerade aus der Hölle entlassen. »Ich bin geschunden und geschlagen, aber definitiv bin ich es wert.« Er strahlte die anderen an.

»Mann! Wenn das nicht der helle Wahnsinn ist«, jauchzte Steve.

»Ähm, ich habe, zugegebenermaßen etwas verspätet, das Gefühl, daß wir uns dir vorstellen sollten. Nicht der Formalität wegen, sondern damit du ein bißchen mehr über uns erfährst«, meldete Mike sich zu Wort.

»Ich weiß das Angebot zu schätzen, aber ich kenne die Details schon«, sagte Salvatore. »Du bist Michael Edward Ward, neunundvierzig Jahre. Arbeitet für die Gemeinde, in der er wohnt, in ökologischen Projekten. Verheiratet mit Tessa, Geschäftsführerin eines Supermarkts. Ihr habt zwei Kinder ... Soll ich weitermachen?« fragte Salvatore.

»Dann ist da Murray Macray, besser bekannt als Mac, achtundvierzig Jahre, verheiratet mit Betty, einer Kindheitsliebe, lebt zur Zeit in Trennung, mit einem achtzehnjährigen Sohn, der noch zur Schule geht. Du bist Professor für englische Literatur.

Der nächste ist Steven David Alec Wright, sechsundvierzig Jahre alt und unverheiratet. Du warst zwanzig Jahre bei der Handelsmarine, hast dann aufgehört und hast nun seit sechs Jahren keinen festen Job.

Und dann gibt es da noch Anthony James Edwards, ebenfalls neunundvierzig Jahre alt, meist Gus genannt.

Technischer Zeichner, verheiratet mit Harriet, zwei Töchter, Jennifer und Amanda, die vierzehn und fünfzehn Jahre alt sind. Natürlich gibt es noch mehr über euch alle zu berichten, aber ich glaube, was ich gesagt habe, reicht aus, um euch zu zeigen, daß ich eure Geschichte kenne.«

»Woher zum Teufel weißt du all das?« fragte Steve mißtrauisch.

»Oh, ich weiß noch viel mehr. Das waren nur die normalen statistischen Daten. Ich weiß auch einiges von dem, was in euren Köpfen vor sich geht.«

Steve zog die Schultern zurück und setzte sich aufrechter hin.

»Das ist für mich in Ordnung. Wenn du weißt, wie ich in die Scheiße gekommen bin, müßtest du eigentlich auch wissen, wie ich wieder da herauskommen kann. Damit komme ich klar. Aber woher zum Teufel weißt du all diese Dinge über uns? Das ist doch unnatürlich.«

Gus, Mike und Mac nickten zustimmend.

Salvatore seufzte. »Nichts ist leichter als das. Schauen wir uns die einfache Wahrheit an. Das Bewußtsein strebt zu einer Selbst-Form – zu einem physischen Körper –, durch den es zum Ausdruck gelangt. Und dieser Ausdruck ist natürlich auch Bewußtsein. Dies bedeutet, daß euer Körper, eure Seele – ihr – ein Ausdruck des Bewußtseins seid. Könnt ihr mir folgen?«

Gus schüttelte den Kopf und blinzelte. »Laß mir einen Augenblick Zeit, damit ich darüber nachdenken kann. Das Saufen ist auch nicht gerade von Nutzen.«

»*Da* sagst du was«, stellte Salvatore fest. »Wie sieht es mit euch anderen aus? Ist euch bisher alles klar?«

»Du weißt ja wohl, daß das nicht so ist, oder?« antwortete Mike verschlagen. »Das mußt du ebenso wissen, wie du auch alles andere über uns weißt.«

Salvatore nickte beifällig. »Sehr gut. Versucht es einmal so zu sehen. Ihr seid bewußte Wesen. Das Bewußtsein, das ihr seid, ist eine Frequenz. Und in dieser Frequenz ist euer ganzes Leben mit allen Details aufgezeichnet. Für einen Menschen, der solche Schwingungen empfangen kann, ist es leicht, das Aufgezeichnete zu lesen, etwa so, wie man einer inneren Stimme zuhört.«

»Das ist ungefähr so, als würdest du sagen, daß jeder von uns eine CD ist, die wiederum eine Bewußtseinsfrequenz ist. Wenn man die CD abspielt und die Frequenz hört, weiß man, was auf der CD ist«, erklärte Mike seine Sicht der Dinge.

Salvatore klatschte in die Hände und lachte. »Ausgezeichnet. Du hast es genau richtig beschrieben.«

Steve, Mac und Gus schauten Mike erstaunt an.

»Das war gut, Mike. Jetzt habe ich es verstanden.« Steve wendete sich Salvatore zu. »Du kannst dich also in Menschen einfühlen, so wie man sich eine CD oder einen Radiosender anhört. Dann *mußt* du unsere verrückte Melodie natürlich kennen.« Er schaute Gus und Mac an. »Habt ihr es auch verstanden?«

Gus nickte. »So ausgedrückt ganz bestimmt.«

Mac wirkte nachdenklich. »Das wäre eine wundervolle Fähigkeit für Politiker. Stellt euch nur vor, was sie dann alles tun könnten.«

»Du brauchst dir keine Sorgen zu machen; das wird wohl niemals geschehen«, erwiderte Salvatore lachend. »In der Politik kommt so etwas nicht vor. Wenn jemand solche Fähigkeiten entwickelt, kann er sie nur auf eine Weise anwenden, die dem Ganzen zugute kommt, also nicht einigen Wenigen.«

Gus schüttelte den Kopf. »Ich kann euch schon wieder nicht folgen.«

»Darüber brauchst du dir im Moment keine Sorgen zu machen«, beruhigte Salvatore ihn. »Nur um es klarzustellen: Politiker bewegen sich auf der Ebene des Lebens, die von der Überzeugung geprägt ist, daß alle Dinge getrennt voneinander existieren. Sie konzentrieren sich ständig auf die Erzeugung von Problemen, die sie dann zu lösen versuchen. Das halten die meisten Menschen für normal. Ich hingegen konzentriere mich auf die Wahrheit, und indem ich sie im Leben eines Menschen offenlege, ermögliche ich dem Betreffenden, die Illusionen der Getrenntheit aufzulösen.«

»Ich fühle mich wie ein verdammter Idiot«, seufzte Mac, »aber ich habe schon wieder nichts verstanden. Das mit den Politikern ist mir klar, denn wir alle tun im Alltag genau das gleiche. Was ich nicht verstehe, ist das mit der Getrennheit, der Ganzheit und der Illusion.«

Salvatore nickte geduldig und lehnte sich zurück. »Okay, höre einfach mit dem Herzen zu. Es könnte einige Zeit dauern, bis du verstehst, versuche also das Verständnis nicht zu erzwingen. Höre einfach zu, und laß uns sehen, was passiert.«

4

Eine Begegnung mit der Wahrheit

»Worauf ihr euch in eurem Alltagsleben konzentriert, das erreicht ihr«, erklärte Salvatore. »Die meisten Menschen glauben, das sei ihnen klar, aber tatsächlich ist es nur sehr wenigen klar. Wenn ihr beispielsweise ein Problem habt und euch darauf konzentriert, es zu lösen, und dann fällt euch schließlich eine Lösung ein, und ihr setzt sie um, erwarten die meisten Menschen, daß das Problem damit erledigt ist.«

»Klar, das ist doch wohl logisch, oder?« warf Mac ein.

Salvatore schüttelte den Kopf. »Seht ihr? Mac glaubt, daß er das versteht. Er nennt es logisch, obwohl es im Sinne der Wahrheit Unsinn ist. Was Mac sieht, ist, wie es zu sein *scheint*. Ich sehe meine Aufgabe darin, euch zu erklären, daß die Schwierigkeiten der meisten Menschen daher rühren, daß in Wahrheit nichts wirklich so ist, wie es zu sein scheint. Dazu möchte ich das Lösen von Problemen als klassisches Beispiel anführen. Wenn ihr auf euer Problem fokussiert, wenn ihr nach einer Lösung sucht, ist euer Fokus das eigentliche Problem.

Denn selbst wenn es euch gelingt, das Problem zu lösen, bleibt der Fokus, und dieser Fokus heißt ›Problem‹. Nicht ›ein‹ Problem oder ›das‹ Problem, sondern einfach ›Problem‹. Mittlerweile dürfte euch klar sein, daß das Problem bestehen bleibt, solange ›Problem‹ der Fokus bleibt. So beginnt der ganze Teufelskreis der Probleme von vorn. Dies können wir auch auf eine politische Situation übertragen. Was ist der allgemeine, primäre Sinn und Zweck oder Fokus jeder Regierung überall auf der Welt?«

Nachdem es einige Augenblicke lang still geblieben war, antwortete Gus: »Probleme.«

»Genau. Und keine Regierung wird sie jemals lösen, weil alle Regierungen unablässig auf die Manifestation von Problemen fokussieren. Natürlich sind Regierungen nicht die einzigen, die dies tun. Auch fast jede Familie auf der ganzen Welt hat diese Perspektive.« Er seufzte. »Und nur sehr wenige unter all diesen Menschen nehmen sich jemals auch nur die Zeit, über das nachzudenken, was ich euch gerade erklärt habe. Vielmehr würden sie einen solchen Gedanken schlicht und einfach von sich weisen. Und vielleicht werdet auch ihr dies ja tun.«

»Ich nicht«, sagte Mike. »Mir ist das, was du gesagt hast, schon einigermaßen vertraut, und ich sehe das Problem.«

Gus brüllte auf: »Du Idiot! Hast du es selbst gehört?«

Mike wirkte betroffen. »Ja, habe ich. Und ich habe es nicht absichtlich gesagt. Mein Gott, sitzt das tief.«

Mac grinste: »Kein Problem.«

»Zu sagen, man habe kein Problem, unterscheidet sich nicht von der Aussage, man habe ein Problem«, sagte Salavore ruhig. »Der Fokus ist in beiden Fällen ›Problem‹. Vergeßt das Beispiel mit den Regierungen. Worauf fokussiert ihr am stärksten in eurem Privatleben? Und das bedeutet: Woran denkt ihr am meisten und worüber redet ihr am meisten?«

Während Salvatore sich nachdenklich zurücklehnte, betrachtete Mike ihn. Er war ein Mann von mittlerer Größe, schlank, und im übrigen ziemlich unauffällig. Sein blondes Haar war sehr kurz, wurde schon dünner, und sein Gesicht strahlte Stärke und Ruhe aus. Der sehr direkte Blick seiner blauen Augen vermochte die Aufmerksamkeit zu fesseln, und der vorragende Kiefer deutete auf Entschlossenheit hin. Insgesamt erweckte dieser Mann den Eindruck, im Frieden mit sich selbst und der Welt zu leben.

»Das ist leicht. Ich denke mehr über meine Probleme nach als über alles andere, aber ich denke auch über ihre Lösung nach«, antwortete Steve.

»Und in welchem emotionalen Zustand befindest du dich, wenn du über deine Probleme nachdenkst?« fragte Salvatore.

»Angst, Hoffnungslosigkeit, Verzweiflung«, antwortete Steve.

»Und ihr anderen?« fragte Salavore.

»Ich auch«, antwortete Gus.

»Und ich auch«, antwortete Mac mit verdrießlichem Gesicht.

»Bei mir ist das anders«, meldete Mike sich. »Ich

glaube nicht, daß ich irgendwelche echten Probleme habe. Ich fokussiere meist auf meine Lebensreise und auf Tessa und die Kinder. Auch meiner Arbeit schenke ich ziemlich viel Aufmerksamkeit, je nachdem, wie interessant das Projekt ist, an dem ich gerade arbeite.«

Salvatore lächelte ihn an. »Das ist gut zu hören.« Dann sah er die drei anderen an. »Okay, schauen wir einmal, was Steve gesagt hat. Zuerst hat er von *seinen* Problemen gesprochen, womit er für sich in Anspruch nimmt, sie zu besitzen. Dies alles geschieht in einem Zustand der Angst, Hoffnungslosigkeit und Verzweiflung. Ist diese Zusammenfassung für euch drei generell zutreffend?«

Die anderen nickten zögernd. »So gesehen ist es ein gräßliches Bild«, murmelte Steve.

Mac und Gus nickten wortlos.

»Leider entsteht durch dieses Bild eine ziemlich gräßliche Realität«, erwiderte Salvatore und nickte dabei. Er starrte sie einige Augenblicke an, als würde er in ihre Seele schauen.

»Ähm ... kann ich dir etwas zu trinken besorgen ... oder sonst irgendwas?« fragte Mike.

Salvatore lächelte und antwortete: »Ich verkaufe das Zeug nur, ich trinke es nicht. Aber danke für das Angebot. Wie steht es mit euch anderen? Ich denke, ein starker Kaffee könnte euch nicht schaden.«

Alle nickten eifrig und murmelten zustimmend.

Salvatore wendete sich von ihnen ab, winkte, und auf der anderen Seite des Raumes antwortete eine blonde Frau, die sie bisher noch nicht gesehen hatten, mit einer ähnlichen Handbewegung. Salvatore streckte vier Finger hoch in die Luft.

Dann wandte er sich wieder seinen Gästen zu und schüttelte den Kopf. Ein schelmisches Lächeln umspielte seine Lippen. »Wenn ihr das, was wir hier vorhaben, wirklich ernsthaft weiterverfolgen wollt, werde ich noch viel tiefer darauf eingehen. Im Augenblick genügt es, daß ihr eure Aufmerksamkeit auf dieses Thema konzentriert. Wahrscheinlich ist es für euch völlig neu. Jedem, der denken kann, müßte klar sein, daß das Leben des Menschen einem bestimmten Zweck dient. Wir sind denkende, kreative Wesen. Weniger klar ist den meisten, daß die Kreativität gewissen universellen Gesetzen unterliegt. Das erste und wichtigste von diesen ist sehr einfach, aber in seiner Wirkung ungeheuer schwerwiegend: Von uns wird erwartet, daß wir leben und erfahren, was wir erschaffen.« Wieder schüttelte er den Kopf. »Man kann weder darum herumkommen, noch kann man es hinter sich lassen. Aber das scheint nur wenigen Menschen klar zu sein. Ein anderes Gesetz, das ebenfalls oft völlig übersehen und nicht erkannt wird, lautet: Die Kreativität ist ununterbrochen aktiv. Denkt nun einen Augenblick lang über das, was ich gesagt habe, nach. Wir müssen die Substanz dessen, was wir erschaffen, leben und erfahren, und wir können mit dem Erschaffen keinen Augenblick aufhören.«

Salvatore schwieg einige Minuten lang, während das, was er gesagt hatte, auf seine Zuhörer einwirkte.

»Es gibt noch ein anderes Gesetz des Erschaffens, über das ihr nachdenken solltet: Unsere Gedanken und

Worte sind der Fokus dessen, was wir erschaffen. Anders ausgedrückt: Worüber wir am meisten nachdenken, das erschaffen wir. Sicher erkennt ihr in alldem die Grundlage allen menschlichen Leidens, oder? Die meisten Menschen reden und sprechen über die Dinge, die sie in ihrem Leben am wenigsten wollen. Gewöhnlich äußern sich Menschen in stärkerem Maße über das, was sie in ihrem Leben *nicht* wollen, als über das, was sie wollen.« Er schüttelte traurig den Kopf. »Sie sagen, das entspreche nun einmal der Natur des Menschen, aber das ist nicht wahr. Es ist die Gewohnheit der Hoffnungslosigkeit.«

Salvatore lehnte sich zurück und lächelte der blonden Frau zu, die sich mit einem großen Tablett dem Tisch näherte.

»Danke, Elsie. Sehr nett von dir.« Er lächelte sie freundlich an, während sie sich schnell wieder entfernte.

»Okay, Leute, in der dunklen Kanne ist starker schwarzer Kaffee, in der weißen sahnige Milch, und in dem Glaskrug Wasser. Nehmt euch, was ihr wollt. Und wenn ihr den Kaffee lieber süß trinkt, könnt ihr auch Zucker oder Honig nehmen.«

Mike goß sich schwarzen, ungesüßten Kaffee ein und verdünnte mit Wasser. Mac und Gus zogen starken, sahnigen Kaffee mit viel braunem Zucker vor.

Salvatore wartete, bis alle einen Schluck getrunken hatten.

»Irgendwelche Kommentare oder Fragen?«

»Du hast eigentlich alles ziemlich klar gesagt«, meldete Gus sich zu Wort, »aber mir wäre es recht, wenn du noch einmal erklären könntest, was du meinst, wenn du sagst, die Kreativität mache keine Pause.«

»Ich meine, daß jeder Gedanke, den ihr habt, kreativ ist. Und aus kreativen Gedanken manifestiert sich irgendwann ein physischer Ausdruck. Dieser physische Ausdruck ist das, was wir ›unser Leben‹ nennen. Mit anderen Worten: Wir alle schaffen unsere eigene Realität, und kaum jemand ist sich darüber im klaren, daß er dies tut. Viele Menschen würden sich über das, was ich sage, wahrscheinlich lustig machen.«

Er hielt einen Augenblick inne und schaute die anderen scharf an.

»Und doch seid ihr unablässig kreativ, ob ihr euch darüber lustig machen mögt oder ob ihr es akzeptiert.«

»Willst du damit sagen, wenn ich mein Leben als völlig verkorkst ansehe und dies auch ständig sage, dann schaffe ich diese Realität ständig neu? Und daß die Tatsache, daß ich das nicht will, gar nichts ändert? Daß ich trotzdem etwas erschaffe, das ich gar nicht erschaffen will?« fragte Steve.

Salvatore nickte. »Du hast es begriffen. Deine Gedanken und Worte verstärken und erhalten ununterbrochen die Realität, die du geschaffen hast und die du weiterhin erschaffst, obwohl du es gar nicht willst.«

Steve schüttelte verblüfft den Kopf. »Das ist ja wirklich unglaublich! Aber weshalb wissen die Menschen das nicht?«

»Weil die Menschen die Wahrheit ignorieren.«

»Du sprichst viel über die Wahrheit«, sagte Mac, »aber was *ist* die Wahrheit? Ich meine, gibt es eine einzige, befreiende Wahrheit, oder handelt es sich eher um viele kleine Wahrheiten? Wie würdest du es definieren?«

Salvatore nahm Mac einige Minuten lang nachdenklich in den Blick. Schließlich nickte er. »Das ist eine gute Frage. Ich wünschte mir nur, daß die Antwort so einfach zu verstehen wäre, wie sie zu formulieren ist. Zunächst einmal gibt es für die Wahrheit einen richtigen Zeitpunkt. Ihr mögt es anders sehen, aber ihr selbst habt diesen Abend in eurem Leben ermöglicht. Ich bin nicht unaufgefordert an euren Tisch gekommen, als Eindringling. Ich bin eurer Einladung gefolgt, um euer Leben zu verändern. Einer von euch war sich seines inneren Hilferufs so wenig bewußt, daß er fortgegangen ist, während ihr, die ihr noch hier seid, von einem tiefen Gewahrsein der Notwendigkeit, euch zu verändern, erfüllt wart. Ihr wart euch dessen zwar nicht bewußt, aber ihr habt auf die zeitliche Manifestation eures Hilfeschreis, den ihr selbst gar nicht bewußt bemerkt habt, reagiert. Bei Pete war der richtige Zeitpunkt noch nicht gekommen. Versteht ihr mich?«

Mike nickte. »Ja. Ich hatte schon lange, bevor du an unseren Tisch kamst, Kontakt zu dir aufgenommen. Deine Augen, deine ganze Energie zog mich wie ein Magnet an. Ich nehme an, ich habe tief in meinem Inneren gespürt, daß der richtige Zeitpunkt gekommen war, aber intellektuell war mir das nicht klar.« Er lachte. »Um ehrlich zu sein: Ich habe die Verbindung zwischen uns als ziemlich bedrohlich empfunden. Ich hatte keine Angst davor, sondern fühlte mich dadurch bedroht.«

»Das habe ich gemerkt«, sagte Salvatore und nickte.

»Ich glaube, ich verstehe, was du mit dem richtigen Zeitpunkt meinst«, sagte Mac, »aber was die Sache mit der Wahrheit angeht, tappe ich immer noch im Dunkeln.«

»So geht es mir auch«, stimmte Gus ihm zu.

»Okay, hört zu. Wenn die Wahrheit sich zum richtigen Zeitpunkt manifestiert, wird sie erkannt und dementsprechend auch umgesetzt. Ist der richtige Zeitpunkt für sie noch nicht gekommen, bleibt sie entweder unerkannt, oder sie wird mißachtet und als Unsinn abgetan.«

»Aber *was ist* die Wahrheit?« bohrte Mac weiter.

»Die Wahrheit ist das Leben, so wie es dir im Augenblick begegnet, wie es sich offenbart. *Das* ist die Wahrheit.«

»Aber ... aber ... Ich dachte, die Wahrheit wäre irgendeine tiefgründige Aussage, die unser Leben verändern könnte«, sagte Gus und wirkte deutlich enttäuscht.

Mike lachte. »Machst du Witze? Mann! Bist du blöd, oder was? Wie tiefgründig soll es denn sein? Hast du nicht gehört, was er gesagt hat? Die Wahrheit ist das Leben ... mit dem du in jedem Augenblick konfrontiert wirst ... und das sich offenbart. Mann! Das *ist* tiefgründig! Ich brauche Zeit, um das in mich einsinken und um es durch mein Herz fließen zu lassen.«

»Bravo«, applaudierte Salvatore. »Darum geht es: Es durch das Herz, nicht durch das Gehirn, fließen zu lassen. Das Herz kennt die Wahrheit, dem Gehirn ist sie fremd. Die Wahrheit offenbart ihre Gegenwart immer durch das Herz, den Sitz der Seele.«

»Ich muß gestehen, ich spüre, was ihr sagt«, stellte Mac fest und nickte. »Denke ich dagegen über das, was ihr über die Wahrheit gesagt habt, nach, weiß ich nicht, was ich davon halten soll. Es ist, als wüßte mein Gehirn oder mein Geist nicht, was es bzw. er damit anfangen soll, und als ob mein Herz es weiß. In meinem Herzen spüre ich, wie jene Aussage singt. Es fühlt sich wie ein fremdartiges Licht an, das mir aber sehr willkommen ist. Ich mag dieses Gefühl.«

»Um ehrlich zu sein, ich mühe mich immer noch mit der Vorstellung ab, daß ich es bin, der all dieses Chaos in meinem Leben anrichtet«, erklärte Steve. »Ich meine, ich wußte schon vorher, daß ich alles mögliche falsch mache und daß ich selbst schuld an meinem Elend bin, aber ich hatte auch das Gefühl, daß das Leben es einfach nicht gut mit mir meint und es darauf abgesehen hat, mich in Schwierigkeiten zu bringen. Jeder einzelne Tag war für mich ein Überlebenskampf; das war mein Leben. Es macht mir höllische Angst, mich auch nur beiläufig mit dem Gedanken zu beschäftigen, daß ich selbst mir all das angetan habe.« Er schaute Salvatore unsicher von der Seite an. »Bist du dir mit dem, was du gesagt hast, völlig sicher? Oder könntest du auch Unrecht haben?«

Salvatore lächelte verschmitzt. »Es ist die Wahrheit. Bist du in diesem Augenblick in der Lage, es zu akzeptieren und dementsprechend zu handeln?«

Steve nickte zögernd und mit gerunzelter Stirn. Er seufzte. »Ja. Es ist der richtige Zeitpunkt für mich. Ich höre dich, und tief in meinem Inneren verstehe ich, was du sagst. Ich bin nur schockiert darüber, daß ich mein Leben dermaßen versaut habe.«

»In Wirklichkeit hast du dein Leben nicht versaut«, entgegnete Salvatore. »Du bist nur an einen sehr kreativen Ort und zu einem ebensolchen Zeitpunkt in deinem Leben gekommen. Wenn du dich jetzt entsprechend entscheidest, kannst du der Wahrheit in deinem Leben Geltung verschaffen. Da du auf eine sehr unangenehme Weise an diesen Punkt gekommen bist, nämlich durch Angst, emotionales Leid und Demütigung, wirst du der Chance, die sich dir im Augenblick bietet, mit tiefer und respektvoller Aufmerksamkeit begegnen. Hätte ich auf deinen inneren Ruf geantwortet, während du einen Gipfel des Erfolgs erklettert hattest, glaubst du, du hättest mir überhaupt Beachtung geschenkt?«

»Zum Teufel, ich bin mir nicht einmal sicher, ob ich dich gebraucht hätte.«

Salvatore lachte. »Gebraucht hättest du mich schon, aber gemerkt hättest du das bestimmt nicht. Und wenn ich gekommen wäre, obwohl du selbst deinen eigenen Ruf nicht bemerkt hättest, was hättest du dann getan?«

»Dich für einen Spinner gehalten.«

»Genau. Du siehst also, daß du in deiner augenblicklichen Situation besser dran bist, weil du mit einer neuen Reise beginnst. Verzweiflung öffnet Türen, Zufriedenheit verschließt sie. Letzteres trifft auf eine große Zahl angeblich erfolgreicher Menschen zu. Sie zahlen einen wesentlich höheren Preis, als ihnen klar ist.

Nur selten erkennen sie, daß sie das Ansehen, das sie erreichen, und den Komfort, den sie sich gönnen, sehr teuer bezahlen, und keineswegs nur mit Geld. Komfort macht zufrieden, und aus dieser Zufriedenheit entstehen einflußreiche, aber negative Beziehungen und letztendlich Stagnation. Fast immer muß etwas Dramatisches passieren, damit Menschen die Bereitschaft entwickeln, sich von Annehmlichkeiten zu lösen.«

Er schaute Steve nachdenklich an. »Wenn ich dir sagen würde, daß du in mehreren deiner früheren Leben berühmt und reich gewesen bist und daß du in diesem Leben genau das Drama geschaffen hast, das du brauchst, um aus der Stagnation ausbrechen zu können, die durch jene früheren Leben entstanden ist, würdest du dich dann immer noch wie ein totaler Versager fühlen?«

Steve wirkte völlig verblüfft. »Frühere Leben! Ich habe zwar schon mal Leute darüber reden hören, aber ich habe nie geglaubt, daß daran irgend etwas Wahres ist. Willst du mir etwa sagen, daß wir *tatsächlich* mehrmals leben, daß wir immer wieder ins Leben zurückkommen, so wie die Leute in einigen Filmen, die ich gesehen habe?«

Salvatore seufzte leise. »Falls du frühere Leben für eine Realität hältst, solltest du über meine Frage nachdenken. Würdest du dich besser im Hinblick auf deine eigene Situation fühlen, wenn du darin einen Versuch sehen könntest, dich vom Niedergang deiner Vergangenheit zu lösen?«

»Um ehrlich zu sein, natürlich würde ich das. Wer würde das nicht?«

»In der Tat«, antwortete Salvatore geduldig. »Dann nimm bitte ein kleines Geschenk von mir an, denn das ist tatsächlich deine Realität.«

Steve fiel der Unterkiefer herab. »Im Ernst?«

»Ganz sicher.«

Breit lächelnd antwortete Steve: »Ich nehme es an. Klar!«

»Könntest du mich von der Realität früherer Leben überzeugen?« fragte Gus. »Ich bin nämlich dieser Idee gegenüber ziemlich skeptisch.«

Salvatore schaute auf seine Armbanduhr. »Heute nicht mehr. Es ist jetzt 2 Uhr fünfzehn. Ich schlage vor, wir treffen uns morgen abend um acht Uhr wieder hier. Ich lade euch zum Essen ein.«

Er grinste Gus an. »Ich bin nicht daran interessiert, dich von irgend etwas zu überzeugen, mein Freund, aber ich werde dir ›Ein Leben‹ erklären und was es wirklich bedeutet. Was davon du akzeptierst und was du dann glaubst und damit anfängst, bleibt völlig dir überlassen.«

5
Der Anfang

Mike hatte ziemlich lange mit Tessa telefoniert und ihr über den unerwarteten Tod von Lenny und Petes abrupten Aufbruch berichtet. Dann versuchte er ihr Verständnis dafür abzuringen, daß er noch etwas länger von zu Hause wegbleiben wollte. Sie hatten vorher vereinbart, daß er einen vollen Tag nach dem Treffen der sechs Freunde nach Hause zurückfahren würde. Aufgrund früherer Erfahrungen wußte er, daß er einen Tag brauchen würde, um sich von den zu erwartenden Katerkopfschmerzen zu erholen. Er nahm sich zwar jedesmal vor, nur wenig zu trinken, aber wenn er dann mit den anderen zusammensaß, wurde es doch jedesmal mehr, als gut für ihn war. Nun hatte sich plötzlich alles verändert. Er hoffte, daß Salvatore sich mindestens noch eine Woche lang jeden Abend mit ihnen treffen würde.

»Bist du dir sicher, daß du mir keinen Bären aufbindest mit diesem Salvatore?« fragte Tessa nachdrücklich.

»Liebling, er existiert wirklich, ich versichere es dir. Habe ich denn schon jemals vorher eine solche Geschichte erfunden? Und weshalb sollte ich es tun? Ich liebe dich, und ich kann es gar nicht erwarten, nach Hause zurückzukommen und wieder mit dir zusammenzusein. Aber wie könnte ich eine solche Gelegenheit ungenutzt verstreichen lassen? Der Mann ist ... Ich weiß nicht, wie ich ihn beschreiben soll. Er ist wie ein moderner Weiser. Ja! Das ist eine gute Beschreibung. Es ist, als ob er aus dem Nirgendwo gekommen wäre, nur für uns.«

»Aber du hast doch gesagt, er sei der Besitzer des Restaurants.«

»Ja, das ist er auch. Aber ihn umgibt eine Atmosphäre des Geheimnisvollen. Er wirkt, als sei er über sechzig, aber er nennt uns ›Jungs‹, als wäre er noch viel älter. Ich werde ihn fragen, wie alt er tatsächlich ist.«

»Also gut, Liebling«, willigte Tessa ein, »aber wenn du wieder zu Hause bist, mußt du mir alles beibringen, was du von ihm gelernt hast. Und ruf mich jeden Morgen an und gib mir eine Zusammenfassung, solange du alles noch frisch im Gedächtnis hast. Und danke Salvatore in meinem Namen. Es ist nett von ihm, daß er sich all die Mühe macht.«

»Weißt du, wenn ich jetzt darüber nachdenke, muß ich dir Recht geben. Er gibt sich wirklich große Mühe mit uns. Es kommt wirklich etwas rüber, auch wenn er ein wenig streng wirkt.«

»Bei einem Haufen wie euch bleibt ihm wohl gar nichts anderes übrig, als streng zu sein«, entgegnete

Tessa lachend. »Streng und geduldig! Ach, übrigens: Wie sieht es denn mit deiner Arbeit aus?«

»Ich habe Bert schon angerufen und ihm gesagt, daß ich erst ungefähr eine Woche später zurück sein werde. Er sagte, ich sollte mir deswegen keine Sorgen machen. Im Augenblick fällt nicht so viel Arbeit an; deshalb ist das kein Problem.«

»Bitte, ruf mich wirklich jeden Tag an«, erwiderte Tessa mit gespielter Strenge. »Und wenn du es mit der Woche mehr nicht so genau nehmen solltest, kannst du was erleben.«

Mike kicherte. »Halte du nur den Supermarkt am Laufen, dann ist die Zeit um, bevor du es auch nur gemerkt hast.«

»Hmm, wir werden sehen. Jedenfalls muß ich jetzt los. Paß gut auf dich auf; ich liebe dich. Und sei ein guter Junge! Tschüs!«

Mike lächelte liebevoll in das Telefon. »Das werde ich. Ich liebe dich auch. Paß gut auf dich auf, Liebes. Und Tschüs.«

Den ganzen Tag über wartete Mike ungeduldig auf den Abend. Die anderen waren bei der Arbeit, und er überlegte, wie er sich beschäftigen könnte. Ein Tag in der Stadt hätte ihm eigentlich gereicht. Abgesehen von einem Museumsbesuch und eventuell einem Film mußte er sich nun etwas einfallen lassen.

Er betrat das *Café Anders* am Abend schon gegen Viertel nach Sieben und beschloß, sich die Wartezeit mit einem Drink zu verkürzen. Als er zu der kleinen Bar ging, merkte er zum ersten Mal, daß der Konsum von Hochprozentigem in diesem Restaurant nicht gefördert, sondern daß ihm eher entgegengearbeitet wurde. Die Bar war geschmackvoll eingerichtet und ruhig, und nirgendwo war auch nur eine einzige Flasche zu sehen. Der Bambuseffekt der Wandverkleidung erzeugte hier das Gefühl, man befände sich in einem kleinen Sommerhaus, und während Mike sich auf einem der bequemen Stühle niederließ, glaubte er einen Moment lang, sich vor einem offenen Fenster mit Ausblick in die Natur zu befinden. Ein Teil der Mauer von der Größe eines Fensters war geschickt zurückgesetzt worden, und in diesen Rahmen hatte jemand in leuchtenden Farben ein Fenster samt Blick in die Landschaft gemalt. Das überraschend realistisch wirkende Resultat war bezaubernd.

Mike bestellte sich einen Grapefruitsaft. Er verspürte nicht das Bedürfnis, den übermäßigen Alkoholkonsum des Vorabends zu wiederholen. Während er an einem schwarzen Strohhalm nippte, schweifte sein Blick durch das Restaurant. Nun wurde ihm klar, daß das gesamte Dekor absichtlich so einfach gehalten war.

»Guten Abend, Mike. Freut mich, dich wieder hier zu sehen.«

Merkwürdig, dachte Mike, Salvatore wirkte glücklich und schien sich zu freuen, ihn wiederzusehen. Dies waren nicht nur Worte, sondern er spürte, daß sie zutrafen.

»Es ist schön, hier zu sein. Ich freue mich darauf, so viel von dir zu lernen, wie ich kann.« Plötzlich tauchte ein absurder Gedanke in seinem Geist auf. »Ähm, wäre es möglich, daß ich hier für dich eine Woche arbeite, ähm ... so lange, wie du uns unterrichtest?«

Salvatore strahlte ihn an und nickte. »Natürlich. Genau das wollte ich dir gerade vorschlagen. Höchstens eine Woche wird das alles dauern. Wir sollten Tessa nicht verärgern. Du kannst in einem meiner überzähligen Zimmer schlafen und für Kost und Logis ein wenig arbeiten. Was hältst du davon?«

Mike war hocherfreut. »Das ist wundervoll. Vielen Dank.«

Salvatore lächelte. »Dein Zimmer steht schon bereit. Wenn du dich beeilst, kannst du mit meinem Auto zum Hotel fahren, dort auschecken, deine Sachen zusammenpacken und wieder zurück sein, wenn die anderen eintreffen. Ich versichere dir, daß sie sich alle verspäten werden.«

Mike starrte ihn verwundert an. »Wie willst du all das wissen? Und daß sie zu spät kommen werden, wie ...?«

Salvatore schnitt ihm das Wort ab und hielt ihm die Autoschlüssel hin. »Fahr los!«

Als Mike um fünfundzwanzig Minuten nach acht völlig außer Atem zurückkam, hatten die anderen sich gerade erst an den von Salvatore reservierten Tisch gesetzt und ihr Essen gewählt. Die Kellner waren an anderen Tischen beschäftigt. Salvatore forderte Mike auf, aus der umfangreichen Speisekarte etwas zu wählen. Ein kurzer Blick reichte.

»Ich möchte einen Meeresfrüchtesalat«, sagte er entschlossen. Dann schaute er die anderen an und begrüßte sie mit einem Lächeln. »Und was habt ihr genommen?« fragte er sie.

»Wir haben alle ein schönes Pfeffersteak, englisch, mit Folienkartoffeln und saurer Sahne und Brokkoli in Käsesoße genommen. So was ist doch besser als dein mickeriger Meeresfrüchtesalat.«

»Das ist wohl Ansichtssache«, entgegnete Mike grinsend.

Salvatore gesellte sich wieder zu ihnen, setzte sich ans Ende des Tischs und schaute nacheinander allen in die Augen. »Ihr seid also alle wieder da. Ihr seid bereit, den Pfad der Selbstentdeckung zu begehen und dadurch die Grundlagen für den Empfang der magischen Formel zu schaffen.« Er nickte. »Das ist gut. Aber ich muß euch eine Frage stellen. Ich weiß, warum Mike zu spät gekommen ist, aber ihr drei anderen, warum seid ihr später als verabredet hier erschienen? Ich habe doch gesagt, ihr solltet um acht Uhr hier sein, nicht erst um Viertel nach acht. Habt ihr alle gute Gründe für euer Zuspätkommen?«

Gus richtete sich auf und wurde sichtlich wütend. »Einen Augenblick mal. Wer zum Teufel bist du, daß du glaubst, von uns eine Erklärung oder auch nur irgend etwas fordern zu können? Wir sind alle Erwachsene, und ich erwarte, wie ein Erwachsener behandelt zu werden, nicht so wie ein Kind von seinem Lehrer.«

Salvatore schaute die übrigen freundlich an und sagte: »Empfindet ihr das auch so?«

Steve schüttelte den Kopf. »Nein. Ich möchte mich entschuldigen. Ich hatte Schwierigkeiten, rechtzeitig wegzukommen.« Er schüttelte den Kopf. »Ach, zum Teufel, ich bin für die Verspätung selbst verantwortlich. Ich komme doch ständig überall zu spät. Keine Ausreden.« Er schaute Salvatore direkt an. »Aber ich möchte klarstellen, daß ich das nicht als Respektlosigkeit dir gegenüber verstanden wissen möchte.«

Salvatore blinzelte, während er Mac anschaute.

Mac zuckte die Achseln. »Wenn es so furchtbar wichtig ist, muß ich zugeben, daß auch ich mich ständig verspäte. Ich kann mich so sehr beeilen, wie ich will, ich komme trotzdem immer zu spät. Tut mir leid.«

Salvatore schaute die anderen ruhig an und sprach so leise, daß es nur am Tisch der Freunde zu hören war. Trotzdem sprach er mit Kraft und Autorität. »Ich bin weder an Entschuldigungen noch an Ausflüchten interessiert. Entweder seid ihr morgen abend um acht Uhr hier, oder ihr braucht euch gar nicht erst die Mühe zu machen, durch die Tür dort hier hereinzukommen. Ich hoffe, ich habe mich klar genug ausgedrückt.«

Nachdem Gus' Wut verflogen war, stellte er die Frage, die ihn wirklich beschäftigte: »Warum? Ich meine, was ist so wichtig daran, daß wir genau zur vereinbarten Zeit kommen? Was macht das aus? Wenn ich beispielsweise nur eine Minute zu spät komme, gilt dann auch, daß ich wieder gehen kann?«

»Es gilt auch, wenn du nur eine Sekunde zu spät bist«, antwortete Salvatore. »Im Moment denke ich darüber nach, ob ich euch drei einfach euer Essen genießen und euch dann gehen lassen soll oder ob ich mit euch weitermache.«

»Ich wäre dir sehr dankbar, wenn du weitermachen würdest«, sagte Steve bescheiden.

Salvatore schaute ihn an. Das Blinzeln war wieder in seinen Augen.

»Da du mich mit einer so außergewöhnlichen Demut darum bittest, werde ich es tun. Ich werde euch sogar sagen, warum ich so großen Wert auf Pünktlichkeit gelegt habe, statt es euch selbst herausfinden zu lassen. Hört genau zu, damit keine Mißverständnisse aufkommen. Euer Leben, so wie ihr es erfahrt, besteht aus Zeit. Sekunde für Sekunde, Minute für Minute, Stunde für Stunde, Tag für Tag, Woche für Woche und so weiter. Dies ist der Stoff, aus dem euer Leben besteht. Alles, was ihr als euch selbst wahrnehmt, besteht aus den Gewohnheiten und Konditionierungen, die die Zeit erzeugt. Könnt ihr mir folgen?«

Alle nickten heftig.

»Wenn ihr in der Zeit der Formung eures Charakters ständig zu spät zu Verabredungen kommt, zu Treffen mit Menschen, die euch wichtig sind und die ihr respektiert, zu Begegnungen mit Menschen, die ihr liebt, zu besonderen Ereignissen in eurem Leben, dann entwickelt ihr dadurch den Saatgedanken, daß ihr entweder des Respekts anderer oder sogar jeglichen Respekts unwürdig seid. Und wenn ihr dann weiterhin regelmäßig zu spät kommt – weil es egal ist –, wächst und gedeiht dieser Saatgedanke und erblüht in eurer schwindenden Selbstachtung. Und wenn ihr die Selbstachtung verloren habt, verliert ihr allmählich die Kontrolle über euer Leben. Es scheint dann zufälliger zu werden, es wirkt wie ein einziges Unglück auf euch, und alles scheint unaufhaltsam bergab zu gehen. Auf diese Weise entsteht ein Muster, eine Gewohnheit, die sich von unscheinbaren Anfängen zu einer äußerst zerstörerischen Kraft entwickeln kann. Könnt ihr mir einen Menschen mit starker Selbstachtung und mit Respekt vor sich selbst zeigen, dessen Leben ständig bergab geht und der ständig zu spät zu Verabredungen und Treffen kommt? Könnt ihr euch so einen Menschen in eurem Leben oder als Verwandten vorstellen?«

Gus und Mac versuchten angestrengt, sich an jemanden zu erinnern, der dieser Beschreibung entsprach, gaben aber schließlich auf. Mike und Steve machten sich diese Mühe erst gar nicht. Was Salvatore gesagt hatte, erschien ihnen ohnehin zutreffend.

»Wenn ihr keinen Respekt vor euch selbst habt, wie könnt ihr dann andere Menschen respektieren? Zu spät zu kommen ist eine unbewußte, keine absichtliche Art, anderen Menschen zu zeigen, wie es um euer Leben bestellt ist.« Salvatore lächelte. »Hunde kommunizieren über Selbstachtung, indem sie einander den Anus beschnüffeln. Ein Atemzug, und sie kennen Status, Macht und Entschlossenheit des anderen Hundes. Sie wissen dann, wer ›Oberhund‹ ist – ein Status, den sie möglicherweise in Frage stellen –, und sie kennen ihre Position in Beziehung zu einem anderen Hund oder zu einer Gruppe.« Er lachte. »Wir tun so etwas auf unbewußtere Weise und auf einer so tiefen Ebene, daß wir selbst uns der Botschaften, die wir ständig übermitteln und von uns selbst empfangen, nicht bewußt sind. Mike ist heute früher gekommen. Nichts hätte ihn dazu bringen können, zu spät zu kommen, einmal abgesehen von einem sogenannten Unfall. Ich habe ihn dann losgeschickt, sein Gepäck aus dem Hotel zu holen; er kann eine Woche hier wohnen. Ich habe ihm vorausgesagt, daß ihr alle zu spät kommen würdet. Und so war es tatsächlich. Zu spät zu kommen ist ein Teil der Realität, die ihr in eurem Leben geschaffen habt.« Er schüttelte bedächtig den Kopf. »Nichts von alldem ist richtig oder falsch und macht euch gut oder schlecht. Es handelt sich um nichts weiter als die Art, wie ihr euer Leben geschaffen und gelebt habt. Wenn ihr dies ändern wollt, dann beginnt hier damit. Wenn ihr zu spät zu unseren Treffen um acht Uhr abends kommt, seid ihr noch nicht bereit, euer Leben in die eigenen Hände zu nehmen.« Er schaute alle mit sehr strengem, scharfem Blick an. »Ist diese Sache jetzt klar?«

Alle nickten.

»Ich habe eine Frage«, meldete Mike sich zögernd. »Es geht um dein Alter. Du nennst uns Jungs, und das ist okay für mich, aber mir scheint, du bist höchstens fünfzehn oder zwanzig Jahre älter als wir. Das ist zumindest mein visueller Eindruck. Mein Gefühl hingegen sagt mir, daß du ungeheuer alt sein mußt. Ich will gar nicht unbedingt wissen, wie alt du tatsächlich bist. Es geht mir nur darum herauszufinden, ob mein inneres Gefühl, daß die Dinge nicht ganz so sind, wie sie zu sein scheinen, korrekt ist.«

Salvatore warf den Kopf zurück und lachte herzlich. »Ach, Mike, wenn du wüßtest. Eines Tages werde ich es vielleicht erzählen. Laß mich einfach antworten, daß deine Gefühle korrekt sind und daß du ihnen immer vertrauen solltest. Wenn deine Gefühle dich jemals im Stich lassen sollten, wirst du wahrscheinlich später feststellen, daß der Fehler in deiner eigenen Interpretation liegt, nicht in deinem grundlegenden Gefühl. Okay, Jungs, euer Essen wird gleich da sein. Deshalb fange ich jetzt mit dem Thema an, das ich gestern Abend zum Schluß noch erwähnt habe: Ein Leben.«

»Aber ich dachte, du hättest gesagt oder uns zu verstehen gegeben, daß wir viele Leben haben«, warf Gus ein.

»Die haben wir auch«, antwortete Salvatore lächelnd, »aber jedes Leben ist eine Fortsetzung des Einen Lebens. Wenn ihr glaubt, ihr würdet nur ein einziges Mal leben, basiert euer ganzes Leben auf einer Unwahrheit. Ebenso falsch ist es, wenn ihr glaubt, ihr hättet viele Leben gelebt, die alle jeweils einen Anfang und ein Ende gehabt hätten. Ich möchte mich allerdings nicht allzu tief in dieses Thema hineinbegeben. Um die Veränderungen herbeiführen zu können, um die es in eurem Leben im Moment geht, müssen wir bei den grundlegenden Dingen bleiben. Wer ihr seid – laßt es uns eure Seele nennen –, wird nie geboren und stirbt nie. Auf der Ebene der Seele seid ihr eine unsterbliche Kontinuität. Die Seele findet durch viele Körper ihren Ausdruck, durch jeden in seiner jeweiligen Lebenszeit.«

Als er die etwas ratlosen Mienen von Steve, Mac und Gus sah, lachte er. »Die Realität ist alles andere als kompliziert. Okay, nehmen wir einmal an, ihr schaut euch ein Video an. Es besteht aus vielen tausend zu einer visuell als sinnvoll erscheinenden Sequenz zusammengefügten Bildern. Stellt euch nun vor, daß das Video als Ganzes euer Seelenleben ist, wobei jedes einzelne Bild des Films ein physischer Körper und ein von euch als individuell wahrgenommenes Leben ist. Ist es so leichter zu verstehen?

Gus und Mac nickten. »Jetzt verstehe ich es«, sagte Gus, »aber wenn das wahr ist, weshalb ist es dann nicht allgemein bekannt?«

»In vielen Religionen gehört es zum Allgemeinwissen«, antwortete Mike.

Steve wirkte nachdenklich. »Wenn die Dinge tatsächlich so sind«, sagte er, »dann können Gewohnheiten leicht von einem Bild des Films auf das nächste übergehen. Wenn ich in diesem Leben bzw. Bild des Films ein Verlierer bin, besteht eine hohe Wahrscheinlichkeit, daß ich es auch weiterhin sein werde. Richtig?«

Salvatore nickte. »Richtig.«

»Wahnsinn!« entfuhr es Mac. »Wie soll man denn eine Gewohnheit überwinden, von der man nicht einmal weiß, daß man sie hat? Ich meine, wie zum Teufel kann man etwas stoppen, das einen verfolgt, wenn man nicht weiß, daß man verfolgt wird?«

»Die Wahrheit weiß immer. Man muß nur darauf achten.«

»Was hast du da über die Wahrheit gesagt?« fragte Steve.

»Darf ich?« fragte Mike und schaute Salvatore an.

»Klar, tu dir keinen Zwang an, mein Sohn«, antwortete dieser.

»Ich möchte mich hier ja nicht als Klugscheißer aufspielen«, sagte Mike zu den anderen, »aber diese Worte hatten eine so starke Wirkung auf mich, daß ich fast den ganzen Tag darüber nachgedacht habe. Er hat gesagt, die Wahrheit sei das Leben, das uns im Augenblick begegnet, so wie sich dieser Augenblick offenbart. Mein Kopf ist angefüllt mit Zukunft und Vergangenheit, während der Augenblick unbemerkt entschwindet.«

Salvatore nickte. »Das hast du gut ausgedrückt, Mike. Menschen denken in einer Geschwindigkeit von mehreren hundert Wörtern pro Minute. Leider geht das meiste davon ... oh, seht nur, das Essen ist da.«

Der Kellner brachte auf einem sehr großen Tablett Teller mit ansehnlichen Portionen. Er lächelte Salvatore respektvoll zu. »Guten Abend, Sir.«

»Das ist er in der Tat, George. In der Tat. Und wie geht es deiner Frau?«

»Wieder besser, Sir. Sie erholt sich sehr gut. Sie hat gefragt, ob sie bald mit Ihnen sprechen könnte.«

»Natürlich kann sie das, George. Ich werde es arrangieren.«

George nickte glücklich. »Danke, Sir.«

Während George redete, stellte er je einen der riesigen Teller vor Gus, Mac und Steve und vor Mike eine ebenso große Schüssel Meeresfrüchtesalat. Dazu stellte er jeweils ein großes Glas Grapefruitsaft, obwohl niemand diesen bestellt hatte.

»Bon appetit«, murmelte er, bevor er ging.

Als Mike auffiel, daß vor Salvatore kein Teller stand, fragte er: »Ähm, ißt du nicht mit uns?«

Salvatore lächelte. »Heute ist keiner von den Tagen, an denen ich esse. Ich muß allerdings gestehen, daß ich frischen Grapefruitsaft sehr zu schätzen weiß.«

Steve, der schon zu essen begonnen hatte, schmatzte übertrieben laut und sagte: »Mann, ist das Steak gut!«

»Meint ihr, daß ihr gleichzeitig essen und zuhören könnt?« fragte Salvatore. »Dann brauchen wir es heute nicht so spät werden zu lassen.«

Als daraufhin vier Köpfe kräftig nickten, lächelte er.

»Gut, dann wollen wir mit dem Denken anfangen, weil das etwas ist, was Menschen den ganzen Tag lang ununterbrochen tun. Euer Denken erzeugt euer Leben. Hört mir gut zu. Wählt behutsam, was ihr denkt, denn ihr werdet leben, was ihr wählt.«

Steve verzog das Gesicht. »Oh je, meine Gedanken sind Müll!«

»Und wie steht es mit deinem Leben?« fragte Salvatore.

»Auch Müll!« Steves Blick wirkte traurig.

»Es gibt viele verschiedene Probleme im Leben von Menschen«, begann Salvatore, »aber sie erfordern nicht alle unterschiedliche Lösungen. Ihr hier habt beispielsweise unterschiedliche Probleme, aber ihr alle müßt auf die gleiche Weise dem Leben antworten, um Glück und Erfüllung zu erfahren. Viele Menschen glauben, wenn sie reich wären, ginge es ihnen gut. Ich kenne jedoch viele sehr reiche Menschen, und das einzige Problem, das sie *nicht* haben, ist Geld. Sie haben Beziehungsprobleme, Probleme mit der Selbstachtung, emotionale Probleme, sexuelle Probleme und gesundheitliche Probleme.« Er lachte. »Trotzdem werden sie, einfach weil sie Geld haben, von ihren Mitmenschen als erfolgreich angesehen. Nichts könnte der Wahrheit ferner sein.«

»Was würdest du denn als Erfolg bezeichnen?« fragte Gus.

»Das eigene Potential voll zu leben«, antwortete Salvatore bedächtig und schaute dabei jeden einzelnen an. »Mehr ist nicht erforderlich. Es spielt keine Rolle, welche Position ihr im Leben einnehmt oder wer ihr seid. Von dem Seelenwesen, das ihr seid, wird nichts weiter verlangt, als daß ihr euer Potential vollständig lebt. Und obwohl wir alle als physische Wesen ein unterschiedliches Potential haben, haben wir als spirituelle Wesen ein gleichartiges, nämlich unbegrenztes Potential.«

Danach herrschte einige Zeit nachdenkliche Stille.

6
Nahrung für den Geist

Mac kaute bedächtig an seinem Steak. Seine Augen sahen nichts, während er einen Augenblick des Erkennens genoß.

»Du hast recht«, sagte er schließlich. »Es macht Sinn. Ich habe mir ein Dutzend Bücher über Reichtum und Erfolg gekauft und sie auch alle gelesen. Die Bücher waren gut, aber sie haben mich nur so weit gebracht, wie ... wie ...«

»Wie die Konsensusrealität einen bringen kann«, beendete Mike den Satz.

Mac schaute ihn verblüfft an. »Ich wollte eigentlich sagen, ›soweit Geld Dinge in Ordnung bringen kann‹. Ich nehme an, das Wort Konsensusrealität stammt aus eurem New-Age-Jargon.«

»Eigentlich nicht. Konsensusrealität bedeutet, daß die meisten Menschen das Leben auf eine Weise sehen, die nach weitverbreiteter Meinung die verbindliche ist, die Art, ›wie die Dinge sind‹. Deshalb setzt die Konsensusrealität Reichtum mit Erfolg gleich, auch wenn das

Privatleben des angeblich Erfolgreichen völlig aus dem Ruder gelaufen ist«, erklärte Mike.

»Und ich nehme an, wenn solche Leute ihren Reichtum plötzlich verlieren, werden sie über Nacht zu Versagern«, fügte Gus hinzu.

Mike nickte. »Ja. So würde die Konsensusrealität die Dinge sehen. Erfolg ist gut, Mißerfolg ist schlecht – das ist Konsensusrealität. Sie sieht alles auf eine sehr konkrete, materialistische Weise.«

»Das ist ja alles gut und schön, aber was machen wir jetzt?« fragte Steve.

Alle schauten Salvatore an.

Salvatore schaute nachdenklich zurück. »Nun, wie ich schon sagte: Was ihr denkt, bestimmt euer Leben. Mit anderen Worten: Wir alle erschaffen unsere Realität selbst. Wenn ihr also euer Leben nicht mögt, ist das erste, was ihr tun müßt, sehr einfach: Verändert euer Denken.«

»Wie denn?« fragte Mac.

»Als euer Essen kam, sagte ich gerade, daß Menschen mit einer Geschwindigkeit von mehreren hundert Wörtern pro Minute denken, je nachdem, welchem Typ sie zuzurechnen sind. Ich wollte dem noch hinzufügen, daß leider der größte Teil der Gedanken das ist, was ich ›geistigen Müll‹ nenne. Sie machen niemanden zu einem schlechten Menschen oder zu jemandem, der im Unrecht ist, aber sie zeigen, daß der Betreffende eine falsche Orientierung hat. Wir haben zwar schon darüber gesprochen, was geschieht, wenn ihr solchen geistigen Müll produziert, aber ich möchte es noch einmal zusammenfassen. Aus euren Gedanken ergibt sich euer Fokus, und aus eurem Fokus entsteht die Realität eures Lebens. Ihr müßt also euer Denken von dem, was euch in eurem Leben *nicht* gefällt, abwenden und es auf das hin lenken, was euch an euch und eurem Leben gefällt.«

»Was ist denn, wenn jemand an sich selbst nichts finden kann, das ihm gefällt, und wenn er nichts Gutes im eigenen Leben sieht?« fragte Steve.

»Dann könnt ihr einen Freund bitten, euch eine Liste von all den guten und positiven Qualitäten zu geben, die er in euch als Person verkörpert sieht«, antwortete Salvatore.

»Dabei merkst du dann, wer wirklich deine Freunde sind!« bemerkte Gus in scherzendem Ton.

»Das ist wohl wahr«, stimmte Salvatore ihm zu. »Und ihr *braucht* Menschen in eurer Umgebung, die eure Qualitäten zu sehen vermögen. Wenn diejenigen, mit denen ihr Umgang pflegt, all die negativen Eigenschaften haben, auf die ihr am stärksten fokussiert, dann müßt ihr dafür sorgen, daß sie aus eurem Leben verschwinden. Überlegt einmal: Wie sollt ihr euer Leben verändern, wenn ihr ständig von Menschen beeinflußt werdet, die euch nur das gleiche wie bisher zu bieten haben?«

Für einen langen Augenblick trat Schweigen ein.

Steve zuckte die Achseln. »Ich vermute, das geht nicht.«

Salvatore nickte. »Danke. Natürlich nicht. Man kann nichts neues erlernen, solange man sich unter dem Einfluß alter Programme befindet. Und wenn eure Freunde mit den alten Programmen identisch sind, sind sie nicht eure Freunde, sondern euer Handicap.«

»Das ist aber ziemlich hart«, sagte Steve.

Salvatore lächelte. »Ich vermute, damit willst du sagen, daß deine Freunde bei dir das alte Programm sind?«

Steve nickte widerstrebend. »Ich glaube, ja.«

»Glaubst du es, oder weißt du es?« hakte Salvatore scharf nach.

Steve nickte wieder. »Ja, sie sind es.«

»Dann mußt du dich entscheiden. Entweder Veränderung und neue Freunde oder weiter wie bisher mit alten Programmen. Für was von beidem entscheidest du dich?«

»Für die Veränderung und alles, was dazu erforderlich ist«, sagte Steve mit klarer Stimme, »aber ich muß es nicht auch noch mögen.«

»Dann kannst du sicher sein, daß aus der Veränderung nichts wird«, sagte Salvatore sanft. »Denn wenn du es nicht magst, entwickelst du Widerstand dagegen. Eine Gewohnheit wie deine ist selbst dann schwer zu überwinden, wenn du alles auf deiner Seite hast. Wie kannst du also glauben, du könntest dich verändern, wenn du gegen dich selbst in Opposition gehst?«

»Sogar mir ist klar, daß das stimmt, Steve«, kam Gus ihm zur Hilfe.

»Mein Gott, es ist verdammt schwer, meinen Freunden zu sagen, sie sollen sich verpissen. Ich sehe wirklich nicht, wie mir das helfen soll.« Steve fühlte sich zunehmend bedroht.

»Das hat niemand gesagt«, antwortete Salvatore geduldig. »Aber du kannst deinen Freunden sagen, daß du genug davon hast, daß es in deinem Leben immer weiter bergab geht, und daß du sie um ihre Unterstützung bei deinen Bemühungen bittest, dein Leben so zu verändern, wie du es willst. Du kannst ihnen erklären, welche positiven Veränderungen du dir zum Ziel gesetzt hast, und sie um Hilfe bitten. Wie findest du das?«

Steve saß schweigend da. Sein Gesicht war rot angelaufen.

»Sie würden dich auslachen, nicht wahr?« sagte Mike. »Sie würden dich für völlig durchgedreht halten und dir vorwerfen, du seist dir wohl zu gut für sie. Stimmt's?«

Steves Mund war zu einer schmalen Linie zusammengekniffen.

»Wir werden uns wieder damit beschäftigen, wenn du bereit bist, dich mit diesem Thema auseinanderzusetzen«, sagte Salvatore. »Laß dir Zeit. Es besteht kein Grund zur Eile.«

Zehn Minuten vergingen, und Steve wirkte immer verdrießlicher und beklommener. Mike, Gus und Mac warfen ihm noch ein paar flüchtige Blicke zu und aßen dann schweigend ihre Teller leer.

»Zum ersten Mal seit vielen Jahren werde ich mir jetzt nach einem ausgezeichneten Essen keine Zigarre anzünden. Ich gebe das Rauchen ab sofort auf«, sagte Gus aus einem Gefühl der Inspiration heraus. Er schaute die anderen stolz an.

»Gut gemacht«, antwortete Mike ernst.

Steve fing abrupt an zu schluchzen. Einige Augenblicke lang stieg ein tiefes Schluchzen aus seinem Inneren auf. Er schaute die anderen mit angstvollem Blick an. »Ja, sie würden über mich lachen. Alle. Und das tut weh. Ich habe sie immer als meine Freunde angesehen, aber ich weiß, daß sie sich über mich lustig machen würden. Ich weiß seit langem, daß sie das, was ich als ein Scheißleben ansehe, für normal halten.«

»Es gibt einen Unterschied«, sagte Salvatore sanft.

»Haben sie unrecht?« fragte Gus. »Wenn Menschen das Leben ständig als leer und feindselig erscheint, wird das für sie leicht zur Normalität. Vielleicht ist es besser, sich darauf einzustellen, um überleben zu können, als sich ständig selbst zu frustrieren, indem man den Wunsch nach etwas Besserem nicht aufgibt.« Er zuckte die Achseln. »Es ist ja nur ein Gedanke. Aber es gibt verdammt viele Menschen, die so sind.«

»Steve hat es nie als normal akzeptiert«, entgegnete Salvatore, »und deshalb wird er in der Lage sein, sich für ein positiveres Leben zu entscheiden. Wenn man von besseren Dingen, von einer positiveren Möglichkeit nicht träumt, wie soll man sie dann erreichen können? Allerdings reichen Träume nicht aus. Um unsere Träume zu erfüllen, müssen wir sie leben. Was meinst du dazu, Steve?«

»Ich sehe zwei Seiten«, sagte Steve zittrig. »Scheiße! Ich habe lange genug in diesem Mist gelebt. Meine Freunde haben sich nie so schlecht gefühlt wie ich. Sie haben das Leben so akzeptiert, wie es sich ihnen darbot, und sie haben ständig andere Menschen, die Regierung, ihre Chefs, einfach alle für ihr Unglück verantwortlich gemacht. Ich habe es nie so sehen können, obwohl ich es versucht habe. Ich war auch selbst wütend auf die Regierung, aber ich bin nie das Gefühl losgeworden, daß ich selbst mein Leben vermurkst habe, nicht die Regierung und auch nicht andere Menschen. Natürlich hat die verdammte Regierung eine Menge auf dem Gewissen. Aber letztlich läuft alles auf etwas ziemlich Simples hinaus: Ich möchte aus dieser Scheiße raus.«

»Was wirst du tun?« fragte Mac ihn.

»Ich werde mich verändern. Ich werde alle meine Freunde zurücklassen, und ich werde in einen anderen Teil der Stadt ziehen. Ich weiß zwar nicht, wie ich das mit meinem kümmerlichen Einkommen schaffen soll, aber ich kann andererseits auch nicht einfach aufgeben. Damit könnte ich nicht leben, und ich weiß auch genau, daß ich nichts daran ändern kann, wie sie das Leben sehen. Ich habe das sogar einmal versucht, und da haben sie mich ausgelacht. Warum auch nicht? Wie hätte ich ihnen beweisen können, daß ich im Recht war? Daß im Leben mehr möglich ist, als in der Scheiße zu leben!«

»Du hast zwar weder ihnen noch dir selbst den Weg zur Veränderung zeigen können, aber du hast trotzdem aus einer intuitiven Kenntnis der Wahrheit heraus gesprochen«, sagte Salvatore. »Das ist der klassische Fall einer Manifestation der Wahrheit zum falschen Zeitpunkt. Aber da du jene Wahrheit nie hast aufgeben können, ist der richtige Zeitpunkt schließlich gekommen. Deshalb bist du jetzt hier. Jetzt hast du die Chance, zu lernen, wie du dein Leben so verändern kannst, wie du es willst – und du hast diese Chance selbst geschaffen.«

»Es wird sehr hart werden«, sagte Steve nachdenklich.

Salvatore lächelte ihm zu. »Wenn ›hart‹ deine Überzeugung und dein Fokus ist, wird es natürlich so sein.«

»Angenommen, ich würde sagen, daß ich es leicht erreichen kann. Würde es mir dann leichtfallen?« fragte Steve.

»Wenn du darauf fokussierst und wenn du daran glaubst, daß es leicht sein kann und wird, in deinem Leben eine positive Veränderung herbeizuführen, dann ist das die Realität, die du schaffen wirst.«

»*Das* wäre aber etwas *völlig* Neues!«

»Ich kann dir einen guten Punkt nennen, an dem du beginnen könntest, dieses Prinzip zu erproben«, schlug Salvatore ihm vor. »Benutze nie mehr Wörter wie Scheiße oder Scheißhaus, weder bezogen auf dich, noch auf dein Leben, auf eine bestimmte Situation oder auf andere Menschen. Jedesmal wenn du dieses Wort benutzt, verstärkst du seine Wirkung, und indem du es ausspricht, kommst du in den ›Genuß‹ der Wirkung dessen, was du geschaffen hast. Indem du dieses Wort ständig wiederholst, erzeugst du eine sich ständig wiederholende Realität.«

Steve grinste. »Ja, es ist ein Scheißwort! Aber ich habe verstanden, was du meinst, und ich werde versuchen, es nicht mehr zu benutzen.«

»Ich möchte euch noch ein anderes Beispiel für die Macht der Wiederholung nennen, das ihr vielleicht besser verstehen werdet«, sagte Salvatore. »Ich meine Gleichförmigkeit.«

»Gleichförmigkeit!« wiederholte Gus.

Salvatore nickte. »So ist es. Gleichförmigkeit ist ein Mörder, und der Feind, den sie am energischsten zu vernichten versucht, ist Veränderung. Wenn Gleichförmigkeit und Veränderung in einem Menschen miteinander ringen, besteht gewöhnlich ein innerer Konflikt. Hört mir genau zu, und laßt das, was ich jetzt sagen werde, tief in euer Inneres sinken: Ihr könnt euch nicht verändern *und* gleichbleiben. Denkt einmal darüber nach.«

»Man kann sich nicht verändern und gleichbleiben«, wiederholte Mike langsam. »He, das gefällt mir. Es ist völlig klar, wird aber gewöhnlich übersehen. Wir alle möchten in unserem Leben bestimmte Veränderungen erreichen, und wir wünschen sie sogar herbei; aber wenn sie dann eingetreten sind, widersetzen wir uns ihnen fast immer. Es ergibt zwar keinen Sinn, aber genau das tun wir. Ist das so, weil wir uns verändern *und* gleichbleiben wollen?«

Salvatore nickte. »Es ist ein unbewußtes Programm; ein Teil der Verwirrung im Leben der meisten Menschen.«

»Aber warum?« fragte Gus. »Ich sehe es zwar klar in meinem eigenen Leben, aber wenn ich mich frage, *warum* ich Widerstand leiste, bin ich völlig ratlos.«

»Das ist doch einfach«, antwortete Salvatore. »Menschen sind sehr geübt darin, ihren inneren Zwiespalt auszuhalten und mit ihm zu leben. Ihre innere Verwirrung, ihre Unentschlossenheit, ihre Apathie, ihr Wollen und Nie-Haben, ihr zweitklassiges Leben, ihre Armut, ihre Unfähigkeit, mit den Dingen fertig zu werden, ihre Drogen, sowohl die vom Arzt verschriebenen als auch die illegalen. Das alles ist nur ein kleiner Teil von dem, was so viele Menschen aushalten. Und es ist nicht nur ein Problem von Menschen mit niedrigem Einkommen. Jene, die genug Geld haben, kämpfen oft mit dem Verfall ihrer persönlichen Integrität, mit der Kleingeistigkeit des Geschäftslebens, mit Rücksichtslosigkeit, Rufmord, schmutzigen Affären, Verlust der Selbstachtung und des Selbstwertgefühls, wenn sie um finanzieller Vorteile willen oder aus Angst vor finanziellen Verlusten mit korrupten Einzelnen oder Gruppen paktieren. Allerdings würden die meisten der von diesen Dingen Betroffenen leugnen, daß all das, was ich soeben aufgezählt habe, in ihrem Leben eine Rolle spielt. Sie sehen nur, was ihre Programmierung ihnen zu sehen erlaubt.«

»Das ist beängstigend«, sagte Gus.

»Klar, aber so *ist* es nun einmal, und so geht es immer weiter. Menschen aller Art sind geradezu süchtig nach dem Leiden, das sie ständig ertragen. So merkwürdig es erscheinen mag, dieses vielschichtige Leiden ist so weit verbreitet, so völlig normal, daß es sich von einem Leben zum nächsten fortsetzt.« Er schaute die anderen an. »Könnt ihr mir noch folgen?«

Alle nickten bestimmt.

»Wenn inneres Leiden und innerer Zwiespalt in einem solchen Maße als normal, akzeptabel und zu erwarten angesehen wird, daß ein Premierminister sagen kann, das Leben sei nicht dazu gedacht, leicht zu sein, dann akzeptieren Menschen aufgrund des Suchtaspekts ihres Menschseins ein Leben und eine Lebensweise, die ihren Möglichkeiten auch nicht im entferntesten gerecht wird – weder ihrem materiellen noch ihrem spirituellen Potential. Unter diesen Voraussetzungen entwickelt sich Apathie, breitet sich schnell aus und dominiert den größten Teil der Gesellschaft. Wir akzeptieren unsere stagnierende Gleichförmigkeit, unser ›Los‹.

Nun stellt euch vor, daß ein dynamischer Katalysator mit Namen Veränderung ins Spiel kommt. Wird er mit offenen Armen aufgenommen und willkommen geheißen? Wohl kaum. Die Programmierung der Massen leistet ihm heftigen Widerstand. Mit anderen Worten: Das Gefängnis, in dem die meisten Menschen verharren, trägt den Namen ›Gleichförmigkeit‹, wohingegen der Schlüssel, der dieses Gefängnis zu öffnen vermag, die Veränderung ist. Die Gleichförmigkeit versucht mit aller Kraft, die Tür geschlossen zu halten; die Veränderung bemüht sich, die Tür zu öffnen. Die Gleichförmigkeit wird in ihren Bemühungen, Widerstand zu leisten, durch ein konditioniertes unbewußtes Programm unterstützt; die Veränderung verfügt über die Macht der Neuheit, die Quelle ihrer dynamischen Energie. Wenn man all dies auf die grundlegende Ebene zurückführt, geht es um einen Kampf zwischen Gleichförmigkeit und Veränderung, zwischen Altem und Neuem. Sie treten stets zusammen auf, denn wir Menschen sind nun einmal so beschaffen, daß wir von beidem betroffen sind. Lebenskunst besteht darin, die in beiden enthaltene Lebensenergie in einem dynamischen und ausgewogenen Verhältnis zu erhalten. Auf diese Weise können wir die etablierten und erprobten Grundlagen der Vergangenheit gleichzeitig erhalten und auf ihnen mit Hilfe der im Augenblick geborenen Kreativität Neues erbauen. Dies ist der Weg der Natur, des natürlichen Lebens. So lassen sich die Erfolge der Vergangenheit mit der Kreativität des gegenwärtigen Augenblicks verbinden. So entsteht aus der Koexistenz von Altem und Neuem eine namenlose und alterslose Dynamik. Die Menschheit befindet sich auf der spirituellen Ebene dauernd in Bewegung, und in diese Bewegung hinein werden wir unablässig neu geboren, in jedem Augenblick. Ich nenne dies die Bewegung im Augenblick. Es ist der Ort des Lebens, der einzige Ort wahrer Realität.«

Mike, Gus, Steve und Mac starrten Salvatore an und hörten ihm wie hypnotisiert zu. Als er endete, entstand eine vibrierende Stille.

»Wow!« rief Mike aus.

»In der Tat«, antwortete Salvatore und lächelte ihnen freundlich zu.

»Können Menschen wirklich so leben?« fragte Steve.

»Natürlich. Wie könnte dies wahr sein, wenn es nie im Leben der Menschen zum Ausdruck käme? Ich habe euch nur einen kurzen Blick auf euer Potential ermöglicht. Dies ist die Art, wie ich lebe, und ich kann euch versichern, daß es außer mir noch viele andere gibt, die so leben.«

»Wirkst du deshalb ständig so kontrolliert?« fragte Gus. »Das scheint in dir sehr stark zu dominieren.«

»Es *scheint* nur so, als wäre ich kontrolliert oder als würde dies in mir dominieren, weil euer eigenes Leben ein unablässiges, unbestimmtes, machtloses Getorkel ist. Würde ein Surfer versuchen, die Welle seiner Kontrolle zu unterwerfen, oder würde er versuchen, mit der Welle eins zu werden? Ich nehme an, daß ein Surfer sich überhaupt nicht um Kontrolle bemüht, daß er es vielmehr als große Freude und als Ausdruck seiner Kreativität empfindet, auf der anschwellenden Welle zu reiten, die sich entwickelt und schließlich in sich zusammenbricht.«

»Das ist ein wundervolles Modell für das Leben«, stellte Mike fest.

Salvatore erhob eine Hand hoch in die Luft, und wenige Augenblicke später tauchte der Kellner auf, räumte die Teller vom Tisch und verteilte die Dessertkarten.

Gus, Steve und Mac entschieden sich rasch für ein verheißungsvoll klingendes Dessert mit Namen »Tod durch Schokolade«; Mike entschied sich für eine Macadamia-und-Kirsch-Eiscreme.

Salvatore schwieg und ließ den anderen Zeit, zu verdauen, was er soeben gesagt hatte. An ihren nachdenklichen Mienen sah er, daß sie genau dies taten.

7

Ein Modell für das Leben

»Ihr könnt dieses Modell, wie Mike es so wunderbar beschrieben hat, zur Grundlage eurer Lebensweise machen«, sagte Salvatore.

»Aber was ist denn nun mit der magischen Formel?« fragte Steve. »Werden wir sie bald benutzen?«

»Suchst du nach einer leichten Lösung?«

»Wahrscheinlich. Aber ist das nicht natürlich?« antwortete Steve.

»Je schneller dir klar wird, daß es keine leichte Lösung gibt, um so schneller wird dir auch gelingen, mit deiner Wirklichkeit zurechtzukommen. Du selbst hast die Schwierigkeiten erzeugt, in denen du dich befindest, und das hat dich eine Menge Zeit und Mühe gekostet. Ist es daher nicht verständlich, daß es auch einige Zeit und Mühe kostet, diese Situation zu verändern?« fragte Salvatore.

»Ja, schon«, gestand Steve widerwillig zu.

»Die magische Formel muß genau zum richtigen Zeitpunkt benutzt werden, und der ist dann, wenn ich es euch sage. Wenn ihr über ein wirksames Mittel verfügt, aber nicht wißt, warum es wirkt oder auf welchen Prinzipien seine Wirkung beruht, werdet ihr entweder von dem Mittel oder von der Person, die euch das Mittel gegeben hat, abhängig. Wie unterscheidet sich das von irgendeiner anderen Sucht? Bisher habe ich viel Allgemeines über das Leben gesagt, doch in Kürze werde ich mich nacheinander mit dem Leben jedes einzelnen von euch befassen. Wahrscheinlich ist es euch noch nicht klar, aber was ihr zu erreichen versucht, ist ein Zustand des Gleichgewichts. Nicht mehr und nicht weniger. Gleichgewicht bedeutet nicht, daß man auf eine bestimmte Lebensweise festgelegt ist, die einem als angenehm und sicher erscheint. Gleichgewicht ist eine dynamische, leichte und sehr lebendige Lebensweise, die sich ständig dem Neuen öffnet. Gleichgewicht und Ungleichgewicht lösen einander in einem nie endenden Tanz ständig ab. Gleichgewicht ist eine bewußte Antwort auf das Leben und keine unbewußte Reaktion.«

Mike nickte zustimmend, während Mac bat: »Kannst du mir noch einmal erklären, was du zuletzt gesagt hast? Dieser New-Age-Kram ist mir zwar nicht völlig neu, aber doch sehr fremd.«

»Ich erkläre es gern noch einmal, aber warum bezeichnest du Weisheit und Einsicht als New-Age-Kram? Leben wir in einer Zeit so tiefer Unwissenheit, daß es als etwas Neues erscheint, weise und erleuchtet zu sein? Weisheit und Erleuchtung sind wesentlich älter als die Menschheit«, antwortete Salvatore. »Aber ich glaube, du möchtest, daß ich das mit dem Gleichgewicht noch etwas genauer erkläre.«

Mac nickte.

»Wenn wir in unserem Leben mit einer unerwarteten Situation konfrontiert werden«, fuhr Salvatore fort, »oder wenn jemand etwas zu uns sagt, reagieren wir entweder, oder wir antworten. Das sind zwei völlig unterschiedliche Dinge. Eine Reaktion basiert auf Angst, einem sich wiederholenden Zustand, der sich auf die Vergangenheit bezieht. Anders ausgedrückt: Re-agieren ist die Wiederholung einer früheren Handlung. Erinnert ihr euch noch daran, was ich gerade eben über die Gleichförmigkeit gesagt habe? Nun, Reaktion und Wiederholung sind Liebende! Aus ihrer Verbindung entsteht Gleichförmigkeit. Zu antworten bedeutet, daß wir vom gegenwärtigen Augenblick und damit von der Neuheit herkommen. Liebe antwortet, Angst reagiert. Alte Programme werden gelöscht, wenn wir lernen, auf die Herausforderungen, mit denen das Leben uns konfrontiert, zu antworten, wohingegen eine Reaktion diese Programme noch verstärkt. Ist das verständlich?«

»Ich staune immer wieder darüber, daß scheinbar so unbedeutende Handlungen so gewaltige Folgen nach sich ziehen können«, sagte Mike mit einem Ausdruck der Verwunderung. »Ich bin auch vorher schon auf den Unterschied zwischen Antwort und Reaktion gestoßen, und ich habe versucht, ihn in meinem eigenen Leben zu beherzigen. Man erzielt dadurch sehr positive Resultate, aber es ist nicht leicht, so zu handeln.«

Gus wirkte verwundert. »Warum denn nicht? Es klingt doch wirklich nicht schwierig.«

»Ach, was weißt denn du schon, du Fettkloß!« fuhr Mike ihn an.

»Leck mich doch, du ignoranter Bastard!« brüllte Gus, sprang auf die Füße und ballte die Fäuste.

Mike lächelte ihn an. »Verstehst du jetzt, was ich meine?«

Gus fiel der Kiefer herunter, und er ließ sich schwer auf seinen Stuhl fallen. »Oh, nein!« Ein paar Augenblicke lang saß er da und schüttelte den Kopf. »Du hast es mir klar genug gezeigt. Tut mir leid.«

»Lassen wir die Sache auf sich beruhen«, antwortete Mike.

»Nicht jeder Auslöser ist so deutlich zu erkennen wie eine Beleidigung.« Mit einem breiten Grinsen breitete Salvatore die Arme zu einer umfangenden Geste aus, und Mike spürte die angedeutete Umarmung wie einen starken Schock. Es fühlte sich so an, als würde er tatsächlich von Armen gehalten. Sichtlich verblüfft schaute er die anderen an. Auch Steve wirkte überrascht, wohingegen Mac unsicher die Stirn runzelte, während auch er die anderen anschaute. Nur Gus schien nichts merkwürdig zu finden.

Langsam, sehr langsam führte Salvatore seine Arme näher an seine eigene Brust heran, als würde er eine unsichtbare Person intensiv umarmen.

Mikes Gesicht wirkte nun erstaunt, doch es fiel ihm leicht, sich der Empfindung einer gewaltigen, sanften Umarmung hinzugeben. Steve zog die Augenbrauen immer höher, und sein Körper war sehr angespannt, doch dann entspannte er sich allmählich, und ein Ausdruck des Friedens erfaßte sein Gesicht. Macs Gesichtsausdruck spiegelte Panik, es schien, als ob er gegen etwas Unsichtbares kämpfte, während er versuchte, seine Arme zu erheben, es aber nicht schaffte. Sein Gesicht war schweißüberströmt, und er stöhnte verängstigt.

Gus starrte ihn verwundert an und wandte seinen Blick dann nacheinander allen anderen zu. »Was zum Teufel ist denn nur in euch gefahren?«

»Soll das heißen, daß du nichts spürst?« fragte Mike ihn.

»Warum sollte ich? Was gibt es denn zu spüren?« entgegnete Gus.

Mike schaute Salvatore an, der nun die Arme senkte und dadurch alle von ihrer jeweiligen persönlichen Erfahrung befreite. »Ich habe deine Arme um mich gespürt«, sagte Mike zu ihm, »und das war wunderschön. Aber ich hätte gern eine Erklärung dafür. Wie machst du so etwas?«

»Ich habe euch mit meinem Bewußtsein umfangen, aber sehr sanft, nicht so, daß ich euch eingesperrt hätte. Gus hat nichts gespürt, weil diese Erfahrung für ihn zu fremdartig war. Steve hat einen Augenblick lang Angst gespürt, sich dann entspannt und sich der Erfahrung geöffnet. Mac hat so stark darauf reagiert, daß er erstarrt ist, und aufgrund seiner eigenen Rückzugsreaktion hatte er das Gefühl, eingesperrt zu sein. Mit anderen Worten: Mike und Steve haben auf den Augenblick geantwortet, und Mac hat reagiert. In ihm ist die Kampf-, Flucht- oder Erstarrungsreaktion aktiviert worden, und er ist daraufhin erstarrt. Wenige Augenblicke später ist Gus in die Kampfhaltung übergewechselt. Nun seid mal ehrlich, Jungs, hat irgendeiner von euch sich bewußt dafür entschieden, zu kämpfen oder zu erstarren?«

Gus schüttelte reuevoll den Kopf. »Das war keine Entscheidung. Ich habe Beleidigungen gebrüllt und war bereit, im nächsten Moment zu kämpfen.«

Mac grinste müde. »Du mußt zugeben, es *war* schon ziemlich merkwürdig. Aber ich bin einfach erstarrt, ich hatte gar keine andere Möglichkeit.«

Salvatore schaute die anderen beiden an. »Und du, Mike?«

»Nun ja, ich fühlte mich sanft umarmt, ohne es zu verstehen. Ich habe auf das Gefühl, genährt zu werden, geantwortet«, erklärte er.

»Das ist fast das, was ich auch sagen würde«, erklärte Steve, »aber ich habe zuerst reagiert und mich dagegen gewehrt. Dann fühlte ich mich ... ähm, na ja, geliebt, und ich konnte mich entspannen.« Er wirkte ein wenig hilflos.

»Da haben wir also ein ziemlich großes Spektrum von Ergebnissen, alle hervorgerufen durch eine einzige kleine nicht-physische Handlung«, sagte Salvatore. »Zwei von euch haben eine Entscheidung getroffen, und zwei haben auf diese Möglichkeit verzichtet. Denkt daran, daß unsere inneren Schalthebel in unserem Alltagsleben ständig bedient werden, Tag für Tag.

Bei jeder Re-Aktion wird der betreffende Hebel erneut betätigt, immer und immer wieder.« Er schloß kurz die Augen. » Und da wundern sich alle, warum sich diese Geschichte ständig wiederholt«, murmelte er. »Jedesmal aber, wenn ihr auf eine schwierige Situation oder Person *antwortet*, laßt ihr alte Gewohnheiten und Konditionierungen hinter euch. Ihr löst euch von der Vergangenheit und geht einfach weiter. Was glaubt ihr, welche dieser beiden Lebensweisen – Reaktion oder Antwort – euch das kreativere Leben ermöglicht?«

»Na, das ist ja wohl klar, oder?« stellte Gus fest.

»Natürlich. Aber du mußt Mike Recht geben. Es ist nicht besonders leicht. Man muß sich dabei auf den Augenblick konzentrieren, auf den Ort des Lebens. Glaubst du, daß du das kannst?«

Gus zuckte die Achseln. »Ich kann es nur versuchen.«

Salvatore lächelte ihn an. »Ich kann nicht mehr erwarten, aber mir wäre es lieb, wenn du dies mit Kraft und Enthusiasmus sagen würdest. Was empfindest du, Gus? Nichts Besonderes, so lala, oder etwas Positiveres?«

»Ich verstehe, was du meinst.« Gus nickte. »Man gewöhnt sich bei der Arbeit und zu Hause so leicht eine schlaffe Haltung an. Vielleicht ist das ein Abwehrmechanismus, den ich benutze, um nicht verspottet zu werden. So merkwürdig es klingen mag, ich war als Kind sehr aufgeweckt und bin wegen meiner positiven Einstellung zu allem ständig verspottet worden. Deshalb habe ich mir abgewöhnt, mich so zu zeigen. Um ehrlich zu sein, muß ich sagen, daß nicht einmal mir gefällt, wie ich heute klinge.«

»Denk daran, Gus, daß wir zu den Gedanken werden, die wir laut aussprechen, und daß es sich mit unseren Einstellungen ebenso verhält. Ein Mensch, der zornige Gedanken hat, *ist* ein zorniger Mensch. Ein Mensch, der eine nachlässige Einstellung hat, *ist* ein nachlässiger Mensch. Wir alle erkennen dies bei anderen Menschen, doch nur sehr wenige von uns sehen es bei sich selbst. Wir Menschen haben die merkwürdige Vorstellung, daß das, was wir bei anderen Menschen sehen, für uns selbst nicht gilt.«

Salvatore schaute Gus nachdenklich an. »Ich glaube, du bist jetzt bereit für das Folgende. Dir ist sicherlich klar, daß du starkes Übergewicht hast. Wenn ich mir deinen Körper anschaue, weiß ich sofort, daß du ein sehr defensiver Mensch bist. Du hast diese Abwehr unabsichtlich in deinen physischen Körper eingebaut, um die sensible Seele darin zu schützen.«

»Ach, tatsächlich? Und ich habe gedacht, es wäre nur, weil ich zuviel esse«, sagte Gus in scherzendem Ton, aber auch deutlich verletzt.

Salvatore lächelte ihn an. »Aber sicher tust du das. Du ißt viel zuviel, und dazu auch noch das falsche. Doch dafür gibt es einen Grund. Du bist jemand, der wegen seiner Gefühle ißt. Du ißt, um den unersättlichen Appetit deiner unterdrückten und geleugneten Emotionen zu befriedigen, was dir aber unglücklicherweise durch Essen niemals gelingen wird. Du kannst deinen Appetit auf diese Weise zwar lindern, aber niemals völlig stillen. Sei einmal ehrlich. Du hast gerade eine üppige und sehr befriedigende Mahlzeit gegessen, und dein Bauch ist voll. Aber du hast immer noch Hunger, nicht wahr?«

Gus seufzte tief. »Ja! Ich habe mir schon Gedanken darüber gemacht, ob es hier vielleicht irgendwelche Snacks gibt. Ich bin zwar voll, fühle mich aber trotzdem noch hungrig. Warum ist das nur so?«

»Wenn du als kleiner Junge weinend zur Mami gelaufen bist, weil du verletzt oder aufgewühlt warst – wie hat sie dich dann getröstet? Mit Umarmungen und Küssen und viel Liebe? Oder mit Süßigkeiten und Gebäck, aber nicht mit ihrer Nähe, nach der du dich so gesehnt hast?«

Gus' Augen blinzelten heftig, und er schaute weg. Er atmete eine Zeitlang schwer, bevor er zu antworten versuchte. »Meine Reaktion sagt ja wohl schon alles. Natürlich mit Süßigkeiten und Gebäck. Und das einzige, was ich wirklich wollte, war eine Umarmung, um zu spüren, daß ich geliebt wurde.« Er seufzte erneut. »Und das will ich wohl immer noch, nicht wahr?«

»Hat Harriet dir jemals die Liebe gegeben, nach der du dich so sehnst?« fragte Mike. »Sie wirkte auf mich so offen und expressiv.«

»Ja, das war einmal so. Aber ich konnte von ihrer Zuneigung nie genug bekommen. Ich spreche hier nicht über Sex. Ich spreche über Zuneigung, Berührung, Händehalten auf der Straße, Küsse, wenn wir uns treffen. All diese Dinge.« Er seufzte wieder. »Schon vor langer Zeit ist mir klargeworden, daß Harriet wie meine Mutter war. Sie hat es einfach nicht drauf.«

»Mein lieber Freund«, mischte Salvatore sich sanft ein, »so unwahrscheinlich es dir erscheinen mag: Harriet bietet dir das größte Geschenk an, das du in diesem Leben bekommen kannst, und du merkst es nicht.«

Gus starrte ihn verblüfft an und schüttelte dann traurig den Kopf. »Ich kann dir absolut nicht folgen. Ich weiß überhaupt nicht, was du meinst.«

»Du hast das verzweifelte Bedürfnis nach der Zuneigung eines Menschen, den du liebst«, erklärte Salvatore geduldig, »und ohne sie hast du dich auf eine Abwehrhaltung versteift und dich emotional in dich selbst zurückgezogen. Sogar dir müssen in dieser Situation bestimmte Lichter aufgehen. Du machst dich bezüglich deines Wohlbehagens von einem anderen Menschen abhängig. Du hast in einem früheren Leben den Kontakt zu deinem Selbstwertgefühl verloren, ich meine jenes innere Vertrauen, das schlicht weiß, daß du ein wundervoller und wertvoller Mensch bist, ganz gleich, was andere über dich denken mögen. In jenem früheren Leben hast du einen emotionalen Knacks bekommen – vielleicht durch eine unglückliche Liebesgeschichte, vielleicht sogar durch einen schweren, gewalttätigen Streit mit deiner Mutter. Aufgrund dessen, was du zu Mike gesagt hast, als du auf ihn reagiertest, vermute ich fast, daß du ein Bastard, ein uneheliches Kind bist, das ein tiefes Bedürfnis nach der Liebe einer Frau hat. Es ist deutlich zu erkennen, daß du dich vom anderen Geschlecht abhängig machst.

Du hast ein emotionales Bedürfnis nach unablässiger Bestätigung entwickelt. In deinem derzeitigen Leben hast du deine Mutter zu dir hingezogen, weil klar war, daß sie dieses Bedürfnis nicht verstärken würde. Und du hast Harriet geheiratet, weil du auf der seelischen Ebene wußtest, daß auch sie dein Bedürfnis nach konstanter Bestätigung nicht erfüllen würde. Auf einer tieferen Ebene ist dir bewußt, daß das Letzte, was du brauchst, ein Mensch ist, der jene emotionale Abhängigkeit aufrechterhält und möglicherweise sogar noch verstärkt. Du hast dich dafür entschieden, in diesem Leben dein emotionales Ungleichgewicht zu heilen. Ohne daß es dir, deiner Mutter und deiner Frau klar war, habt ihr alle euch auf der seelischen Ebene dafür entschieden, die Rolle zu spielen, die euch zwang, euch mit diesem Problem auseinanderzusetzen und es ein für alle Male zu lösen. Dies, mein Freund, ist das Wesen ihres Geschenks.«

Gus stierte ungläubig vor sich hin. »Mein Gott!«

Salvatore lachte in sich hinein. »Dein Gott, in der Tat.« Er schaute Gus scharf an. »Nimm dir Zeit, um in das, was ich zu dir gesagt habe, hineinzufühlen. Und ich meine wirklich hinein*fühlen*. Dein Verstand und deine Gedanken arbeiten sowieso schon viel zuviel. Ich möchte, daß du auch mit dem Herzen hineinspürst. Also, teile mir, sobald du bereit bist, mit, ob du mit dem, was ich zu dir gesagt habe, etwas anfangen kannst.«

Zehn Minuten lang wirkte Gus' rundliches, alterndes Gesicht verletzt und traurig, und sein Blick war in die Ferne gerichtet. Die anderen bestellten für sich und ihn Kaffee, während sie über das, was Salvatore gesagt hatte, nachdachten. In ihrem Herzen wußten sie, daß das, was er gesagt hatte, auf unterschiedlichen Ebenen auch für sie galt.

Schließlich seufzte Gus auf und sagte: »Ich muß zugeben, daß es plausibel klingt. Ich muß euch gestehen, daß ich jeden anderen, der mir dies gesagt hätte, für verrückt gehalten hätte.« Er starrte Salvatore scharf an. »Du verfügst über eine Fähigkeit, eine Energie, die irgendwie den ganzen Müll entfernt, so daß man mit einer strahlend offensichtlichen Wahrheit konfrontiert wird. Was ich so merkwürdig finde, ist, daß dies mein ganzes Leben lang verborgen war, ohne daß ich auch nur die geringste Ahnung von dem gehabt hätte, was du gesagt hast. Und dann Bumm! Peng! Meine Nase ist direkt darauf, und von einem Ort aus, der so tief in meinem Inneren liegt, daß ich mir nicht einmal über seine Existenz klar war, verstehe ich völlig, was du zu mir gesagt hast.« Er schüttelte verwundert den Kopf. »O Mann, ist das merkwürdig. Wenn Mike mir vor ein paar Tagen angekündigt hätte, daß ich dies alles bald erleben würde, hätte ich ihm geraten, in psychiatrische Behandlung zu gehen. Nun habe ich einen Blick auf Möglichkeiten geworfen, an deren Existenz ich nie geglaubt hätte!«

»Du hast das sehr gut gemacht, Gus«, sagte Salvatore. »Daß du das, was ich sage, als wahr zu erkennen vermagst, liegt schlicht und einfach daran, daß der richtige Zeitpunkt dafür gekommen ist. Ohne daß es dir selbst bewußt war, hast du sowohl den richtigen Zeitpunkt gewählt als auch die Gelegenheit für die Konfrontation mit deiner eigenen Wahrheit geschaffen. Die Frage ist nun, was du damit anfangen wirst.«

Gus schüttelte den Kopf. »Ich bin im Moment ein wenig verwirrt, aber ich glaube, ähm, ich werde wirklich etwas tun müssen, um mich damit auseinanderzusetzen. Was würdest du mir vorschlagen?«

»Ich würde dir empfehlen, die Erfüllung deiner emotionalen Bedürfnisse nicht mehr von deiner Frau und deinen Kindern abhängig zu machen und dir darüber Klarheit zu verschaffen, ob du dich selbst magst oder nicht – oder ob du dich auch nur in der Lage fühlst, dich selbst zu mögen. Denke darüber bis morgen nach, und werde dir über die Antwort klar. Wir werden unterdessen auf dein Leben fokussieren und dir Gelegenheit geben, dieses emotionale Problem zu lösen. Und denke daran: Ein Problem ist eine Chance, die erkannt und genutzt werden will.«

Gus starrte lange nachdenklich zur Decke. »Ich glaube nicht, daß ich mich auch nur im geringsten mag, aber ich bin mir ziemlich sicher, daß ich das kann, was du mir vorgeschlagen hast. Ich spüre schon jetzt, daß in mir Ströme des Verstehens innere Verbindungen herstellen, und ich spüre etwas, das ich vor langer Zeit verloren habe. Ich spüre Hoffnung. Ich brauche keinen ganzen Tag, um darüber nachzudenken. Ich kann mich noch gut daran erinnern, daß ich als Kind glaubte, ich sei etwas ganz Besonderes. Und das ist mir nicht gut bekommen. Ich wurde so oft gehänselt und verspottet ... daß ich schließlich das gegenteilige Bild von mir entwickelt habe.«

Er schaute Mike und die anderen an. »Und keiner von euch hat mir geholfen. Ihr habt alle dazu beigetragen, daß ich mich klein fühlte.«

»Du meinst, die anderen Menschen hätten gewollt, daß du dich klein fühlst?« fragte Salvatore.

»Ja, zumindest habe ich es so empfunden.«

»Und was ist mit deiner Mutter und deiner Frau?« fragte Salvatore weiter.

»Auch sie. Mom hat es nicht getan, als ich noch sehr klein war, erst als ich älter wurde. Genauso war es mit Harriet. Als wir uns kennenlernten, war sie liebevoll und hat mich sehr unterstützt, aber nachdem wir geheiratet hatten, fing sie an, mich klein zu machen, als wäre ich völlig unfähig. Und es ist immer schlimmer geworden.«

»Und dann bist du so richtig auf den Freßtrip gekommen?«

Gus grinste. »Ja, ganz bestimmt.«

»Ist dir klar, daß du angefangen hast, zuviel zu essen, weil du größer werden wolltest?« fragte Salvatore ihn. »Du hattest das Gefühl, daß die anderen Menschen dich klein machen wollten – das hast du selbst gesagt – und daß das Leben es nicht gut mit dir meinte. Und um zu beweisen, daß sie unrecht hatten, hast du unbewußt versucht, größer zu werden. Durch das viele Essen und indem du versuchtest, deinen Körper größer zu machen, wolltest du sie und was sie gesagt hatten Lügen strafen, aber dadurch wurde das Problem nur noch verschlimmert. Und all dieses reaktive Verhalten ist dir nicht nur entgangen, sondern es hat auch dein Selbstvertrauen unterminiert, so daß du dich als noch abhängiger von der Zuneigung und Zustimmung der Menschen, die dir nahestanden, gefühlt hast.«

»Ja«, sagte Gus verdrießlich. »Um Bestätigung geht es dabei auch. Wenn sie mir keine Zuneigung zeigten, bestätigten sie mich auch nicht. Und wenn sie mich nicht bestätigten, dann liebten sie mich natürlich auch nicht. Gott, nun erscheint mir das alles so deutlich, daß es mir regelrecht peinlich ist.«

»Das braucht dir nicht peinlich zu sein, Gus«, sagte Mike. »Es gibt Millionen von Menschen wie dich, und sie alle wissen noch nicht, was mit ihnen los ist. Du weißt es nun immerhin; deshalb ist für dich jetzt die Zeit gekommen, etwas daran zu verändern.«

Steve fuhr fort: »Ich kann euch sagen: Auch wenn das hier nicht direkt mein eigenes Problem ist, habe ich gerade eine unglaubliche Menge über mich selbst gelernt.«

»Ich auch«, pflichtete Mac ihm ernst bei.

»Was soll ich denn nun machen mit diesem ganzen ... Mist?« fragte Gus.

»Dir ist wohl klar, daß du es vorziehst, dich im herabsetzenden Sinne ›klein‹ zu fühlen, weil du klein und schmächtig warst. Sicherlich wärest du lieber groß gewesen; deshalb ist durch die Tatsache, daß du körperlich klein warst, bei dir ein Minderwertigkeitsgefühl entstanden.«

»Ja, auch das«, bestätigte Gus.

»Zuerst einmal mußt du akzeptieren, wer du bist. In körperlicher Hinsicht bist du im Augenblick ein kleiner dicker Mann, aber das entspricht nicht deiner Natur. Von Natur aus bist du ein kleiner schlanker Mann mit einem perfekten Körper, der bei ausgezeichneter Gesundheit ist und sich wohl fühlt. Groß zu sein hat im Leben und auch für eine bestimmte Lebensweise keinen besonderen Vorteil, und ebensowenig ist es männlicher, als klein zu sein. Du mußt zunächst deinen natürlichen körperlichen Zustand akzeptieren und dich gut dabei fühlen, wie du bist. Akzeptiere es, wie du bist, okay?

Emotional machst du dich von denjenigen abhängig, die dich lieben, obwohl sie nichts tun, wodurch sie diese Abhängigkeit unterstützen. In deinem natürlichen emotionalen Zustand schaust du nach innen, wenn es dir um dein Wohlbehagen geht, denn du weißt, daß es niemals aus einer äußeren Quelle kommen kann. Es kann zwar durch äußere Quellen unterstützt und genährt, aber niemals mit ihrer Hilfe entwickelt oder aufrechterhalten werden.

Dann ist da noch der Intellekt. Du bist mittlerweile intellektuell blockiert, und das dadurch entstehende Gefühl geistiger Unzulänglichkeit kann sich negativ auf deine Arbeit auswirken, ebenso auf deine intellektuelle Beziehung zu deiner Familie und auf deine allgemeine Einstellung dem Leben gegenüber. Du hast einen defensiven und offensiven Zynismus entwickelt. Von Natur aus jedoch bist du ein Mensch mit einer guten Auffassungsgabe; du denkst schnell und bist intellektuell sehr begabt. Würdest du dieser Beschreibung zustimmen?«

Gus nickte und wirkte etwas verlegen. »Das hast du ganz gut getroffen. Sieht so aus, als wäre ich ziemlich verkorkst.«

»Mag sein«, sagte Salvatore lächelnd, »aber sicher nicht so, daß es nicht wieder hinzubekommen wäre. Du mußt dich jetzt entscheiden. Ich möchte, daß du darüber nachdenkst und dir dann zu Hause detaillierte Notizen darüber machst, welche Person du glaubst sein zu sollen und sein zu wollen.«

Gus schaute in skeptisch an. »Machst du Witze?«

Salvatore schaute ihm direkt und fest in die Augen. »Sehe ich so aus, als ob ich Witze machen würde? Was glaubst du, wie du dein Leben wieder in Ordnung bringen kannst, wie du es nach deinen Wünschen gestalten kannst, wenn du dir nicht darüber im klaren bist, worin diese Ordnung oder dein Wunsch besteht. Wenn du nur einen vagen, formlosen Eindruck hast, wie du sein solltest, kannst du auch nur diesen vagen und formlosen Zustand erreichen. Vielleicht erinnerst du dich noch daran: Ich habe gestern gesagt, daß wir in unserem Leben eine Mission haben. Kannst du dich noch daran erinnern, worin diese Mission besteht?«

Gus starrte ihn einige Minuten lang unsicher an und schüttelte dann resigniert den Kopf.

»Ich weiß es ...« setzte Mike an, verstummte jedoch auf ein Zeichen von Salvatore hin. »Mac, erinnerst du dich noch, worin diese Mission besteht?«

»Ja, ähm, also, es hatte etwas damit zu tun, daß wir mehr von dem, was wir, ähm, oder weniger als ... also, ich glaube, ich bekomme es nicht mehr zusammen.«

Salvatore schaute Steve an. »Ich habe jetzt ein bißchen Zeit zum Nachdenken gehabt, aber ich bin mir nicht sicher, ob ich es richtig verstanden habe. Unsere

Mission«, begann Steve, »besteht darin, daß wir uns ... mehr ... zu dem machen, ... was wir sind, ... und daß wir ... weniger von dem werden, was wir nicht sind«, brachte er den Satz eilig zu Ende. Er strahlte. »Das war's doch, stimmt's?«

»Genau das war's«, bestätigte Salvatore lächelnd. »Also, Gus. Ich hoffe, du paßt in Zukunft besser auf, denn weder an deinem Gehirn noch an deinem Gedächtnis ist irgend etwas auszusetzen. Wenn du versuchen willst, mehr von dem zu werden, was du bist, dann mußt du dir zunächst einmal sehr klar darüber werden, was du bist. Schreibe dir also zu Hause auf, was das auf körperlicher, emotionaler und intellektueller Ebene bedeutet.«

Salvatore schaute auf seine Uhr. »Es ist jetzt fast Mitternacht, und alle anderen Gäste sind schon gegangen. Ich glaube, jetzt seid ihr an der Reihe. Für heute abend ist es genug. Oh, und Gus, ich möchte, daß du uns morgen abend darüber berichtest, was du dir aufgeschrieben hast. Denkt alle daran: morgen abend um acht Uhr. Das Essen geht aufs Haus.«

8
Die Programme verändern

Mike lächelte in sich hinein, als Gus und Mac am folgenden Abend um zehn Minuten vor acht in das *Café Anders* kamen. Die beiden unterhielten sich angeregt.

Mike saß schon an der Bar und trank einen Grapefruitsaft. Er dachte darüber nach, daß er Salvatore noch nie essen gesehen hatte. Wenige Augenblicke später sah er Steve kommen. Dieser wirkte spürbar offener und lebendiger als die Abende zuvor. Der verschlossene und defensive Ausdruck, der sonst über ihm gelegen hatte, war wie weggeblasen. Er ähnelte auf einmal wieder jenem Steve, den Mike aus früheren Zeiten kannte.

Während die anderen zu dem Tisch gingen, an dem sie am vorigen Abend gesessen hatten, fiel Mike auf, daß in der Art, wie sie einander begrüßten, ein größerer Enthusiasmus zum Ausdruck kam. Außerdem sah er, daß alle, wie er selbst übrigens auch, ein zusammengefaltetes Blatt Papier oder einen Notizblock bei sich trugen.

Mike schloß sich ihnen an, und nur wenige Augenblicke später gesellte sich Salvatore zu ihnen. Nachdem er einen Blick auf die Uhr an der gegenüberliegenden Wand geworfen hatte, grinste er sie alle an.

»Wunderbar. Alle sind pünktlich, und eine neue, enthusiastischere Lebensenergie ist auch schon da. Spürt ihr das?«

»Ich finde, sie ist erstaunlich deutlich zu erkennen«, antwortete Mike.

»Genau! Ich fühle mich schon jetzt wie ein neuer Mensch«, fuhr Steve fort, »und du hast noch gar nicht angefangen, mit mir zu arbeiten.«

Gus grinste. »Bei mir liegen die Dinge ein bißchen komplizierter. Es ist so, als würde ich mich aus einer etwas anderen Perspektive sehen, und ich fange an zu mögen, was ich sehe.«

»Ich nehme an, daß ich noch einen langen Weg vor mir habe«, meldete Mac sich zu Wort. »Und obwohl ich mich einerseits davor fürchte, selbst an die Reihe zu kommen, kann ich es andererseits gar nicht erwarten. Ich fühle mich ... voller Hoffnung.«

»Wißt ihr was?« fuhr Gus fort. »Ich habe heute Pete gesehen. Er war in Uniform, aber wir haben schnell zusammen einen Kaffee getrunken. Er hat mich gebeten, ihn bei euch allen zu entschuldigen. Er hatte nicht so heftig reagieren wollen, und er fühlt sich jetzt nicht gut, weil er es doch getan hat. Ich habe ihm gesagt, daß ihm niemand böse ist, und ich habe ihn auch gefragt, ob er wieder zu unseren abendlichen Treffen kommen wolle. Er hat geantwortet, ich solle es ihm nicht übel nehmen, aber das sei nichts für ihn.«

Mike war erleichtert darüber, daß alles in Ordnung

war. Er hatte nicht gewollt, daß ihre lange Freundschaft ein so jämmerliches Ende fand.

Alle vertieften sich wieder in die Speisekarte, und Mac und Gus entschieden sich auch diesmal für Steak, allerdings mit Pommes frites. Steve wählte Lamm mit Minzsoße und gedünstetes Gemüse. Mike entschied sich für einen großen bunten Salat. Gus und Steve bestellten Bier, Mac und Mike teilten sich eine Flasche Rotwein. Salvatore trank wie gewöhnlich Grapefruitsaft.

Breit lächelnd deutete er auf die Schreibsachen, die alle dabeihatten. »Gut gemacht, Jungs. Das zeigt, daß ihr allmählich Initiative entwickelt. Offenbar seid ihr alle bereit, zu definieren, was und wer ihr seid und was ihr sein wollt. Wie wäre es, wenn wir mit dir beginnen, Gus? Lies vor, was du aufgeschrieben hast.«

Gus grinste. »Ich sehe diesem Augenblick schon den ganzen Tag mit Furcht entgegen ... und gleichzeitig bin ich sehr gespannt darauf! Körperlich möchte ich so schlank und fit sein, wie ich einmal war. Ich möchte schnell, sicher und kompetent sein. Ich möchte in den Spiegel blicken können und mögen, was ich darin sehe.

Emotional möchte ich über mein Gefühl hinwegkommen, daß ich von der emotionalen Unterstützung derjenigen, die ich liebe, abhängig bin. Ich möchte in dieser Hinsicht völlig eigenständig sein. Ich möchte mich selbst mögen und schätzen.

Intellektuell möchte ich in der Lage sein, mit mir ins reine zu kommen. Ich möchte wissen, daß mir intellektuell nichts fehlt und daß mein gesellschaftlicher

Status und mein Einkommen nicht Ausdruck eines unzulänglichen Intellekts sind.« Er schaute schüchtern um sich. »Das ist alles. Ich habe zwar nicht gerade viel aufgeschrieben, aber über das, was ich geschrieben habe, habe ich viel nachgedacht.«

»Das war gut gesagt, Gus«, sagte Salvatore anerkennend. »Und du hast es sehr klar ausgedrückt.«

»Ich bin der nächste, falls ihr einverstanden seid«, sagte Steve.

Alle nickten zustimmend.

»Auch ich habe viel nachgedacht und in mich hineingehorcht«, fing Steve an, »und das meiste von dem, was ich gefunden habe, hat mir nicht gefallen. Dazu muß ich sagen, daß ich mir zum ersten Mal seit langer Zeit Gedanken über mich selbst gemacht habe. Ich habe vor allem Selbstmitleid gefunden. Eimerweise! Schubkarrenweise! Mir ist klargeworden, daß praktisch alles, was ich immer als Scheiße bezeichnet habe, mein eigenes Selbstmitleid war. Körperlich bin ich mit mir zufrieden, so, wie ich bin. Ein bißchen schwabbelig und übergewichtig bin ich zwar, aber das läßt sich leicht beheben. Auch ich bin ein Frustesser. Ganz sicher trinke ich zuviel, aber nicht so viel, daß ich keine Kontrolle mehr darüber habe ... jedenfalls noch nicht! Ganz sicher möchte ich körperlich fit sein! Ich möchte eigenständig sein und selbst dafür sorgen können, daß es mir gutgeht. Ich möchte mich selbst mögen ... zum Teufel! ... und mich vielleicht auch selbst lieben. Ich glaube, daß ist für mich das Wichtigste: daß ich mich mag und mich akzeptiere. Ich möchte mir nicht mehr an allem, was schiefgeht, die Schuld geben. Und ich möchte eine positivere Beziehung zu mir selbst und zum Leben bekommen. Und dann möchte ich natürlich, und das ist mir sehr wichtig, einen guten Job haben, der gut bezahlt wird und mir Freude macht.« Er schaute die anderen an und zuckte mit den Achseln. »Und ich möchte eine Frau, die mich wirklich so liebt, wie ich bin.«

»Wollen wir das nicht alle?« murmelte Mac. Er schaute die anderen an. »Ich denke, ich mache jetzt weiter. Mehr als alles andere möchte ich unbedingt eine Frau finden, die mich liebt. Das ist für mich ganz eindeutig das Wichtigste.« Er schaute auf sein Blatt. »Und was ich noch möchte, ist eine starke Selbstachtung.« Er schaute um sich. »So wie die anderen vor mir möchte auch ich mich mögen. Das ist mir wichtig. Was die anderen Dinge angeht, ähm ... Es fällt mir nicht leicht, darüber zu sprechen.« Er schaute verlegen Salvatore an. »Ich möchte die ständigen Gedanken an Sex in meinem Kopf loswerden. Manche Menschen meinen wahrscheinlich, das mache Spaß. Ihr könnt mir glauben, daß das nicht so ist. Ich möchte ohne sexuelle Frustration leben, ohne mich selbst wegen meiner schmutzigen Gedanken zu verabscheuen.« Er schwieg einen Augenblick, und sein Gesicht wurde tiefrot. »Und ich möchte leben können, ohne onanieren zu wollen. Das alles ist miteinander verbunden: die sexuellen Gedanken, das brennende sexuelle Verlangen, die schreckliche Frustration und das Onanieren – gefolgt von Selbsthaß und Selbstabscheu. Ich weiß nicht, wie ich das alles beenden kann. Ich weiß nicht, wie ich meine schmutzigen sexuellen Gedanken loswerden kann. All das ist für mich schrecklich, und ich hasse es.«

Er stöhnte. »Ich liebe meinen Sohn Sam. Er ist großartig. Aber mir graut davor, was er von mir denken würde, wenn er wüßte, was für ein völlig unnützer Mensch ich in Wirklichkeit bin. Ich hasse meine Arbeit. Ich arbeite in einer modernen Universität. Ich lehre dort und betreue Studenten. Und ich hasse das alles.« Er schüttelte den Kopf. »Ich stecke so richtig in der Scheiße. Wenn ich sagen soll, wie ich sein will, dann läuft das letztlich auf eine einzige Sache hinaus: Ich möchte ein Mensch sein, auf den ›ich‹ stolz sein kann, vor dem ›ich‹ Respekt haben kann und den ›ich‹ zu lieben lernen kann.«

»Es fehlt dir nicht an Mut«, ergriff Salvatore das Wort, während er Mac direkt anschaute. »Und du kannst erreichen, was du willst.«

Alle schauten nun erwartungsvoll auf Mike.

»Was ich zu sagen habe, ist sehr einfach«, sagte er, faltete sein Blatt Papier zusammen und steckte es in die Tasche. »Ich mag mich und mein Leben. Ich liebe meine Frau und meine Kinder. Aber ich möchte mich nicht nur mögen, sondern mich wirklich lieben und akzeptieren. Ich möchte ein erleuchteter Mensch sein und anderen Menschen helfen können, dies auch zu sein.«

Nachdem er geendet hatte, schaute er Salvatore an.

Dieser lächelte allen warmherzig zu. »Für euch alle gilt: Was ihr wollt, könnt ihr erreichen. Das ist überhaupt kein Problem. Aber dazu müßt ihr *leben*, was ihr wollt, statt es einfach nur zu wollen. Bei alldem geht es um den Fokus. Erinnert ihr euch noch daran, was Fokus ist? Die Energie fließt in das, worauf ihr euren Fokus richtet. Mit anderen Worten: Euer Leben besteht und entsteht aus der Substanz dessen, worauf ihr fokussiert. Für Gus ist es emotionale Abhängigkeit. Für Mac ist es sexuelle Frustration. Für Steve ist es Selbstmitleid. Für euch alle bedeutet dies, daß ihr genau das anzieht und aufrechterhaltet, was ihr in eurem Leben am wenigsten wollt. Denkt daran, daß euer Geist den Unterschied zwischen dem, was ihr wollt, und dem, was ihr nicht wollt, nicht kennt; er weiß nur, worauf ihr fokussiert. Und worauf ihr fokussiert, davon wird euer Geist wie von einem Magneten angezogen. Ihr leidet alle darunter, daß ihr auf das Falsche fokussiert. Versteht ihr das? Ihr müßt das, was ich sage, wirklich völlig verstehen; sonst könnt ihr nicht dementsprechend handeln.«

»So daß unser Fokus also darauf gerichtet ist, mehr von dem zu werden, was wir sein wollen?« fragte Steve. »So wie das, was wir aufgeschrieben haben?«

»Ich verstehe das so, als sollte ich an meine emotionale Bedürftigkeit nicht einmal denken«, sagte Gus. »Aber worüber denke ich nach? Es ist doch völlig natürlich, daß sich meine Gedanken auf meine Probleme konzentrieren.«

»Und genau dadurch werden diese Probleme am Leben erhalten«, antwortete Salvatore. »Hast du schon einmal irgendeinen Hinweis darauf gefunden, daß es anders ist?«

»Nein«, erwiderte Gus bestimmt. »Es scheint, als würde es nur noch schlimmer, je mehr ich darüber nachdenke, mich damit foltere und darauf reagiere.«

»Geht mir genauso«, bestätigte Mac.

Salvatore nickte und antwortete mit ruhiger Stimme: »Das ist die Macht des Fokus.«

In diesem Moment kam der Kellner mit einem großen Tablett an den Tisch. Schnell und geschickt servierte er allen ihre Gerichte. Dann wünschte er einen guten Appetit und entfernte sich wieder.

»Seht ihr«, grinste Salvatore, »ihr fokussiert auf euer Essen, und schon kommt es. Genießt es.«

Eine ganze Weile waren alle so in das Essen vertieft, daß sie schwiegen. Doch nachdem der größte Hunger gestillt war, waren sie wieder bereit, anderen Dingen ihre Aufmerksamkeit zu schenken.

Salvatore sagte: »Was meint ihr, was ihr anziehen würdet, wenn ihr nur auf den Hunger fokussieren würdet?«

»Noch mehr Hunger«, antwortete Mike. »Was für ein Gedanke! Das ist ja ... daraufhin muß man alles noch einmal neu überdenken.«

»So ist es. Das versuche ich euch immer wieder klarzumachen.«

»Kannst du etwas dazu sagen, wie jeder von uns damit umgeht?« bat Steve. »Ich möchte hören, daß es jemand sagt, weil es mir dadurch verständlicher wird.«

»Weißt du, daß du durch dein Selbstmitleid Gründe anziehst, dein Selbstmitleid zu pflegen?« fragte Salvatore. »Dadurch entsteht ein destruktiver, negativer Zyklus, der sich selbst erhält und der viele Leben lang bestehen bleibt.«

»Ja. Ich verstehe es jetzt. Wenn ich alles, was in meinem Leben schiefgeht, ›Scheißhaus‹ nenne, dann sorge ich dadurch dafür, daß in meinem Haus ständig neue Scheiße entsteht und auch darin bleibt; und das gilt für mich selbst und für mein Leben. Sehe ich das richtig?«

»Ich möchte dich etwas fragen«, entgegnete Salvatore. »Wie viel von dem, was du denkst, ist Selbstkritik?«

»Nur etwa 99 Prozent«, antwortete Steve.

»Und wie sieht es bei euch beiden aus?« wandte Salvatore sich an Mac und Gus.

Mac öffnete und schloß mehrmals den Mund, brachte aber kein Wort heraus. Schließlich krächzte er: »Ungefähr genauso.«

Gus grinste und sagte: »Ich glaube, ungefähr 95 Prozent.«

»Vielleicht erinnert ihr euch noch daran, daß ich am Anfang auch schon über Kritik gesprochen habe«, sagte Salvatore lächelnd. »Selbstkritik ist eine der mächtigsten und zerstörerischsten Kräfte, die wir gegen uns selbst entfesseln können. Selbstkritik ist ein gefährlicher Angriff auf das physische Herz, auf den Emotionalkörper – und intellektuell kontraproduktiv. Wenn ihr etwas an euch kritisiert, fokussiert ihr darauf, und dadurch verstärkt und erhaltet ihr es – bis es euch umbringt.«

»Hast du gesagt, es sei ein Angriff auf das Herz?« fragte Gus.

»Nein. Ich habe gesagt, daß es ein *gefährlicher* Angriff auf das Herz ist. Jedesmal wenn ihr euch kritisiert, hat das eine ähnliche Wirkung, wie wenn eine Hand brutal euer Herz zusammenpreßt. Es ist ein unerträglicher Angriff.«

»So etwas habe ich noch nie gehört«, sagte Mac.

Salvatore lachte laut auf. »Es gibt vieles im Leben, wovon du noch nie etwas gehört hast, mein Freund. *Sehr* vieles. Auch jetzt kratzen wir nur an der Oberfläche. Alles dreht sich um Wahrheit und den richtigen Zeitpunkt. Zuerst kümmern wir uns um das Jucken. Danach beschäftigen wir uns vielleicht damit, was zuerst da war: das Jucken oder das Bedürfnis, sich zu kratzen! Im Augenblick wollen wir festhalten, daß aus Kritik niemals etwas Kreatives entstehen kann.«

»Was ist dann mit einer Literaturkritik oder einer Filmkritik?« fragte Gus.

»Darin erfahrt ihr mehr über den Kritiker als über das Buch oder den Film, die kritisiert werden. Eine Rezension ist etwas völlig anderes. Ein Kritiker geht von einer negativen Grundhaltung aus, ein Rezensent hingegen ist neutral. Ein Kritiker, der von einer positiven Grundlage ausgeht, der sich mit den Qualitäten des Untersuchten beschäftigt und damit, wie diese noch verstärkt werden könnten, ist ein konstruktiver Kritiker. So etwas ist ein Gewinn, aber leider sehr selten. Selbstkritik jedoch basiert fast nie auf einer positiven Grundlage, sondern gewöhnlich auf negativen Dingen. Hier geht es um Angriffe, die Menschen gegen sich selbst richten, wobei die Möglichkeit der Selbstverteidigung entfällt. Versteht ihr, was ich meine?«

»Ja«, seufzte Steve, »das bin ich.«

»Ich könnte tausend Abers aufzählen«, warf Gus ein, »aber sie sind alle Unsinn. Seifenblasen nutzlosen Protests, die auf Gewohnheit basieren.«

»Wenn du es uns erklärst, kommt mir alles so verdammt einleuchtend vor«, stellte Mac fest. »Ich kann mich einfach nicht damit abfinden, mir eingestehen zu müssen, daß ich so lange derart dämlich gewesen bin.«

»Wenn du so denkst und redest, wird es noch länger so sein. Du tust es schon wieder. Falscher Fokus. Vergiß das ›dämlich‹. Laß das ›dämlich‹ los. Du brauchst einen besseren Fokus. Formuliere jetzt sofort einen«, sagte Salvatore scharf.

»Ich bin erstaunt, daß ich so lange falsch informiert bleiben konnte und daß ich so weitergemacht habe. Besonders seit mir klargeworden ist, wie intelligent ich bin und über wie viele Möglichkeiten ich verfüge«, sagte Mac mit einem schüchternen, verlegenen Lächeln.

»Ganz genau! Du hast es kapiert!« rief Mike begeistert. »Sag mir, Mac, was fühlt sich besser an: dumm oder intelligent?«

»Okay, Klugscheißer, ich hab's verstanden«, antwortete Mac schalkhaft.

»Ich glaube, jetzt ist klar, was gemeint ist«, schaltete Salvatore sich ein. »Kritik dient nicht euren Interessen. Wir müssen uns also darüber bewußt werden, *was* uns am nützlichsten ist.«

»Wie wäre es mit Selbstwertschätzung?« fragte Mike.

Salvatore lächelte. »Wie findet ihr anderen diesen Vorschlag? Meint ihr, ihr könntet Selbstkritik gegen Selbstwertschätzung austauschen?«

»Ich sehe keinen Grund, warum wir es nicht können sollten«, antwortete Steve ernst. »Ich meine, das müßte ja wohl besser sein, oder? Ich kann mich nicht mehr daran erinnern, wann – oder ob überhaupt jemals in meinem Leben – ich daran gedacht habe, mich selbst zu schätzen. Jedenfalls ist Wertschätzung wohl das Gegenteil von Kritik; deshalb muß es ein guter Ersatz sein.«

Salvatore schaute Gus und Mac an.

Gus nickte. »Ich kann mir nichts Besseres vorstellen. Wenn es irgendeinen Trick bei alldem gibt, dann bin ich bereit, ihn auszuprobieren. Ich bin für Selbstwertschätzung.«

»Ich auch«, sagte Mac mit einem zustimmenden Nikken, »aber ich verstehe das nicht so ganz. Soll ich die Brillanz meiner sexuellen Gedanken wertschätzen? Oder soll ich der Kreativität meines schmutzigen Geistes applaudieren, oder was?«

Während Salvatore lächelnd den Kopf schüttelte, räumte der Kellner schnell die Teller vom Tisch. Im nächsten Moment tauchte ein Kollege mit einem Tablett Desserts auf.

»Ich habe mir erlaubt, euch für heute abend ein Dessert auszusuchen«, sagte der Gastgeber. »Ich glaube, es wird euch schmecken: ein in Rum getränkter gebratener Apfel. Das ist zwar eine etwas ungewöhnliche Kombination, aber köstlich. Man kann auch noch ein wenig Honig dazugeben – muß aber nicht sein.«

Er schaute zu, wie alle das Dessert kosteten, und lächelte über ihren Gesichtsausdruck. »Sag mir, Mac, ob es in deinem Leben etwas gibt, das du magst und schätzt und das du dir selbst zugute halten kannst?«

Mac wirkte nachdenklich. »Ich muß leider gestehen, daß es mir schwerfällt, diese Frage zu beantworten. Ich nehme an, ein Teil des Verdienstes daran, daß Sam so ein ausgeglichener, netter und rundum angenehmer Kerl ist, steht mir zu. Doch größtenteils ist es sein eigenes Verdienst.« Er schaute sie eine Weile an und wurde immer ernster. »Großer Gott! Im Moment fällt mir rein gar nichts aus meinem Leben ein, das mir gefällt und für das ich in Anspruch nehmen kann, daß ich es ermöglicht habe. Mir gefallen meine Gedanken nicht. Mir gefällt meine berufliche Tätigkeit nicht. Mir gefallen meine Beziehungen zu Frauen nicht.« Mit großen, traurigen Augen starrte er Salvatore an. »Mir fällt dazu rein gar nichts ein.«

»Das ist wirklich traurig«, sagte Salvatore. »Die meisten Menschen finden zumindest an ein paar Dingen in ihrem Leben Gefallen, die sie sich selbst zuschreiben können. Aber wir können improvisieren. Erzähl mir etwas über dein Potential. Hast du wertvolles Potential, oder gibt es da gar nichts?«

Mac erhob sich aus seiner Düsterkeit. »Ah, das klingt besser. Bevor ich euch getroffen habe, hätte ich gesagt, daß mein Potential nichts weiter sei als mehr von dem, was ich sowieso schon habe und bin. Aber jetzt? Ich habe das Gefühl, daß mein Potential wesentlich größer geworden ist. Wenn ich es schaffe, alles, worüber du gesprochen hast, in mein Leben zu integrieren, dann wächst mein Potential von Null auf Gewaltig an.«

»Wenn du deinen Job aufgeben würdest, was würdest du dann machen?« fragte Salvatore ihn.

Mac lächelte. »Ich weiß, daß es dämlich klingt – auch wenn ich nicht dämlich bin –, aber ich würde mich einer Gruppe anschließen, die Trekking-Reisen in unbewohnten Gebieten durchführt. Ich hatte immer das Gefühl, daß ich gern beruflich als Führer arbeiten würde. Als Hobby gefällt es mir jedenfalls sehr gut. Es ist das einzige, was verhindert, daß ich völlig verrückt werde.«

Salvatore nickte nachdenklich. »Das ist sehr gut. Was hält dich denn davon ab, den Job aufzugeben, den du haßt, und mit der Arbeit zu beginnen, die dir so gut gefällt?«

Mac wirkte verdutzt. »Mein Gott! Was wäre dann aus all den Jahren, die ich studiert habe, geworden. Mit all den Jahren, die ich mich abgeplagt habe, bis ich die Prüfungen hinter mir hatte. Und dann ist da noch das Geld. Ich werde jetzt gut bezahlt. Gott weiß, wie viel oder wie wenig ich als Tour-Führer verdienen würde. Ich habe zwanzig Jahre gebraucht, um meine jetzige Stelle zu bekommen. Und abgesehen davon: Was würden wohl meine Kollegen denken?«

»Die Antwort ist also ... Angst«, antwortete Salvatore.

»Angst? Was meinst du damit? Ich habe doch überhaupt nicht über Angst gesprochen. Ich habe nur die Gründe aufgezählt, weshalb ich meinen Job noch nicht aufgegeben habe«, entgegnete Mac mit lauter Stimme.

Salvatore seufzte. »Die vielen Jahre deines Studiums und deine beneidenswerten Qualifikationen verhelfen dir zu Status und Sicherheit. Du kannst sie nicht einfach loslassen; du bist durch sie verankert. Und was verankert dich? Angst! Du wirst ausgezeichnet bezahlt für einen Job, von dem du sagst, daß du ihn haßt, und du bist nicht in der Lage, diesen Haß von dir zu trennen. Warum? Weil Geld dir Sicherheit gibt und du Angst davor hast, dich von deiner Sicherheit zu lösen. Warum? Aus Angst! Und du machst dir Sorgen darüber, was deine Kollegen denken könnten. Warum? Aus Angst! Aus Angst darüber, daß sie dich für einen Versager halten könnten. Aus all diesen Gründen lebst du in einem Gefängnis, und sein Name ist Angst.«

»Da bin ich anderer Meinung«, entgegnete Mac aggressiv.

»Jetzt macht die Angst dich aggressiv«, kommentierte Salvatore.

Gus, Steve und Mike vermieden es, Mac anzuschauen, um ihm Zeit zu lassen, sich selbst über seinen Zustand klarzuwerden. Sie konzentrierten sich statt dessen auf die noch heißen Reste ihres Bratapfels mit Rum.

»Kaffee?« fragte Salvatore. »Wir werden die Diskussion für heute abend beenden. Genießt euren Kaffee, und unterhaltet euch gut. Mac, ich möchte, daß du über das, was ich zu dir gesagt habe, nachdenkst. Solange du den Ursprung deiner Angst nicht siehst, kannst du dich nicht verändern. Angst verhindert jede Veränderung.

Ich sehe euch morgen abend um acht Uhr.«

9

Das Neue aufbauen

Mike war den ganzen folgenden Tag über sehr beschäftigt. Er tat viel mehr, als worum Salvatore ihn gebeten hatte. Nachdem er mit den beiden Köchen Freundschaft geschlossen hatte, durfte er ihnen zuschauen und von ihnen lernen, und er half ihnen, die verschiedenen Küchengerätschaften zu reinigen. Außerdem stellte er fest, daß Salvatore in einem geräumigen Teil des Gebäudes lebte, hinter dem sich ein großer Garten befand. Es war kein Garten wie jeder andere, sondern ein kunstvoll angelegter mit farbenprächtig blühenden Büschen und Bäumen, und als er auf den bezaubernden gewundenen Pfaden wandelte und Winkel entdeckte, in denen sich Skulpturen und kleine Bambushaine verbargen, wurde ihm klar, daß die Büsche so ausgewählt waren, daß in jedem Monat des Jahres einige blühten.

An jenem Abend traf Steve als erster ein, und die übrigen folgten ihm innerhalb der nächsten fünf Minuten. Um zehn Minuten vor acht saßen alle am Tisch.

»Ich besorge die Getränke, wenn ihr mir sagt, was ihr haben wollt«, bot Mike an.

»Wie ist es denn, für Salvatore zu arbeiten?« fragte Steve.

»Sehr ruhig und angenehm. Ich sehe nicht viel von ihm. Ich habe das Gefühl, daß er viel Korrespondenz zu erledigen hat«, antwortete Mike.

Dann holte er die Getränke und kam genau in dem Moment zurück, als Salvatore eintraf.

»Guten Abend, Jungs«, begrüßte er sie. Dann schaute er ohne weitere einführende Worte Mac an. »Nun, Mac, was ist bei deinem Tag des Nachdenkens herausgekommen?«

Mac lächelte etwas verlegen. »Viel. Ich habe mir den Tag freigenommen, weil ich das Gefühl hatte, daß etwas ungeheuer Wichtiges im Gange ist, und ich wollte diese Chance nicht vergeben.« Er starrte Salvatore an. »Du weißt schon, wie man bei Menschen die Schalthebel umlegt, nicht wahr! Ich habe lange und tief darüber nachgedacht, weshalb ich meine Arbeit nicht aufgebe, und alles, was mir einfiel, erschien mir aus ökonomischen Gründen vollkommen plausibel. Als ich dann versuchte, die Angst in die Gleichung einzubeziehen, wurde mir plötzlich bewußt, wie ich mein augenblickliches Leben rechtfertige. Ich sah, daß es mich mehr ängstigt, ein Risiko einzugehen, als immer weiter das gleiche zu tun. Trotzdem hat sich irgend etwas verändert. Nach stundenlangem Nachdenken ist mir klar, daß die Aussicht, so zu bleiben, wie ich immer war, wesentlich beängstigender ist als die Entscheidung, ein Risiko einzugehen. Wenn ich über mein Leben aus der Perspektive der Freiheit nachdenke, erscheint es mir als geradezu wahnsinnig, in einem Beruf zu bleiben, den ich hasse, in einem Beruf, der mein Leben, mein Selbstwertgefühl und meine potentiellen Beziehungen zu Frauen zerstört. Und ob ihr es wohl glaubt? Mir ist endlich klargeworden, daß ich mir von Frauen Erlösung durch Sex erhoffe! Mein Gott! Schon allein die Idee erscheint mir ebenso absurd wie abscheulich. Aber genau das tue ich unabsichtlich schon so lange, wie ich zurückdenken kann. Und was noch schlimmer ist: Während ich jede potentielle Beziehung ruiniere, bleiben mir nur noch die Phantasien in meinem Kopf; sexuelle Phantasien wie jene, die ich als Teenager hatte, schmutzige und entwürdigende Bilder. Und dann kommt die sexuelle Frustration ... und was dann kommt, wißt ihr auch! Und zum Schluß überfällt mich dann der Selbstekel, vor allem, weil ich weiß, daß ich dieses immer gleiche demütigende Muster ständig wiederholen werde. Es geht unaufhaltsam bergab. Das Schlimmste ist für mich der Gedanke, wohin dies alles führen wird. Und die ultimative Ironie ist: Ich mache mir Sorgen darüber, was meine Freunde wohl über mich denken würden, wenn sie herausfänden, was mit mir los ist – oder mein Sohn Sam. Mein Gott, klingt das alles schrecklich!«

Salvatore antwortete: »Natürlich ist dir klar, daß das, was sie oder andere über dich denken, absolut keine Wirkung auf dein Leben hat, sofern du nicht selbst mit Hilfe der Meinungen jener anderen die Wirkung kreierst. Mac, du scheinst dich sehr effektiv mit deiner

Seele beschäftigt zu haben. Die Frage ist nun: Wirst du damit irgend etwas machen?«

»Ja, ich werde meinen Job aufgeben.«

Gus rang nach Luft, während Steves Augenbrauen sich hoben.

»Warum?« fragte Salvatore.

»Wie meinst du das: Warum? Du hast es mir doch praktisch empfohlen!« erwiderte Mac ungeduldig.

Salvatore schaute ihn ruhig an. »Bitte, antworte mir: Warum? Aber bestellt doch vorher euer Essen. Und während alle ihre Bestellungen aufgeben, bitte ich dich, konstruktiv über die Frage nachzudenken, ohne reaktiv zu werden.«

Mac entschied sich für Fisch, Pommes frites und Salat, Mike wählte einen großen gemischten Salat, Gus und Steve bestellten Huhn mit Aprikosen, Kartoffelpüree und gedünstetem Spargel.

Fünfzehn Minuten lang wurde nur über Unwichtiges geredet, während Mac aggressiv in die Luft starrte. Eigentlich hatte es Mike überrascht, daß Mac nicht aufgesprungen und weggegangen war.

Dann kam das Essen, und alle außer Mac, der mit seinen Gedanken anderswo war, langten tüchtig zu.

»Ich will aufhören, weil mein Leben auf dem Spiel steht«, sagte Mac endlich. »Schließlich bin ich nicht völlig bescheuert.« Seine Augen traten vor, als ihm bewußt wurde, was er gesagt hatte. »O Gott! So habe ich es nicht gemeint. Natürlich bin ich im Grunde intelligent, obwohl ich meine Intelligenz nur selten nutze. Mir ist klar, daß ich bald mit streßbedingten Krankheiten zu tun haben werde, wenn ich mein Leben nicht ändere. Mein Herz würde Schaden leiden, und ich würde auch noch andere Probleme mit meiner Gesundheit bekommen. Es ist doch alles offensichtlich. Ich bin unglücklich, fühle mich innerlich leer und als Opfer meiner eigenen Apathie. Ehrlich gesagt glaube ich nicht, daß ich eine andere Wahl habe. Deshalb will ich meinen Job aufgeben, abgesehen von anderen, verhältnismäßig geringfügigen Gründen.«

»Das war nicht so schwer zu sagen«, stellte Salvatore fest, »und die Gründe, die du genannt hast, sind doch sehr gute Gründe für eine Veränderung. Wahrscheinlich ist dir klargeworden, daß du nicht mehr bei Frauen die Erfüllung der Leere in deinem Leben und in deiner Psyche suchen wirst, wenn du glücklich bist und einen Beruf ausübst, der dich erfüllt.«

Mac nickte. »Ja, so war es. Aber ... ich kenne mich ... und ich glaube nicht, daß es mir gelingen wird, mein gewohntes sexuelles Gedankenmuster zu verändern.«

Salvatore schaute die anderen an. »Hat irgend jemand von euch anderen permanent wiederkehrende Gedankenmuster, die euer Denken dominieren und die Qualität eures Leben verringern?«

»Ja, ich«, meldete Steve sich zu Wort. »Ich habe die Angewohnheit, mich in Gedanken des Selbstmitleids zu ergehen. Gedanken wie: ›Ich armer Kerl, alle haben es auf mich abgesehen.‹ Das nächste ist dann, daß ich mir Vorwürfe mache, weil ich so hilflos und apathisch bin, und dann ergehe ich mich in noch mehr Selbstmitleid. Das ist ein richtiger Teufelskreis.«

»Hast du irgendein Hobby, oder gibt es irgend etwas anderes, das du wirklich gern tust?« fragte Salvatore.

»Ich lese gern«, antwortete Steve. »Meistens Science Fiction. Außerdem höre ich bestimmte Arten von New-Age-Musik sehr gern.«

Salvatore schaute Gus an. »Wie ist es mit dir? Hast du auch irgendwelche ständig wiederkehrenden Gedankenmuster, die dich unglücklich machen?«

Gus wirkte schüchtern. »Leider ja. Ich habe die merkwürdige Angewohnheit, mir Szenen vorzustellen, in denen das emotionale Wohlbefinden anderer Menschen von mir abhängt. Zum Beispiel phantasiere ich, daß Harriet oder die Mädchen in verschiedener Hinsicht meine Anerkennung brauchen. Und gewöhnlich bin ich sehr zurückhaltend damit, ihnen meine Wertschätzung zu zeigen, weil ich sie einmal spüren lassen möchte, wie sich das anfühlt. Eigentlich ziemlich armselig.«

»Und hast du irgendein Hobby, oder gibt es sonst etwas, das dir große Freude macht?« fragte Salvatore.

Gus lachte. »Du wirst es vielleicht nicht glauben, aber ich schreibe gern Gedichte. Meist sind sie ziemlich traurig, aber auf diese Weise kann ich meine Gefühle und meinen Schmerz zum Ausdruck bringen.«

Salvatore schaute Mike an. »Ich nehme an, daß du über deine Gedanken glücklich bist?«

»Im großen und ganzen ja«, antwortete Mike und nickte. »Aber Verbesserungen sind immer möglich. Allerdings vermeide ich ganz bewußt negative und selbstzerstörerische Gedanken.«

»Okay, ihr werdet diese Gedankenmuster verändern müssen. Und so könnt ihr das schaffen. Erstens...«

»Ist das die magische Formel?« fiel Steve ihm ins Wort.

Salvatore schüttelte bedächtig den Kopf. »Noch nicht, mein Sohn, aber wir kommen der Sache allmählich näher. Bevor ich euch die Formel erkläre, müßt ihr mir zeigen, daß ihr Fortschritte macht. Im Leben geht es nicht nur um Worte und um den Intellekt, sondern um auf Intelligenz basierende Handlungen. Bei unseren allabendlichen Treffen geht es um Worte und um den Intellekt. Natürlich haben auch sie ihren Ort und ihre Zeit. Aber unser Dialog muß auch Konsequenzen auf der Ebene des Handelns nach sich ziehen. Mit anderen Worten: Der Dialog muß gelebt werden. Wenn er gelebt wird, wird er auch erfahren, und Erfahrung führt zwangsläufig zu Veränderungen. Natürlich treten Veränderungen nicht automatisch ein. Man muß offen dafür sein – zumindest ist dies von Nutzen. Veränderung kann sich in eurem Leben in jedem Moment manifestieren und es zerstören. In der Regel wehren Menschen sich gegen Veränderungen. Sie ziehen mehr vom Gleichen vor, auch wenn sie dies andererseits hassen. Die Stärke unseres Widerstandes gegen Veränderungen läßt sich im allgemeinen an der Stärke unseres täglichen Leidens messen – und es gibt viele Ebenen und Formen des Leidens. Offenheit und die Bereitschaft, in die Veränderung einzuwilligen, ganz gleich, was sie fordert, ist selten.«

Salvatore hielt inne, um einen Schluck Grapefruitsaft zu trinken. »Aber ich komme vom Thema ab. Ich werde euch beibringen, eure Gedanken auf eine Weise zu fokussieren, die euch gerecht wird, statt euch zu negieren. Sicher wißt ihr, daß Gedanken, je stärker ihr euch gegen sie wehrt, um so hartnäckiger Widerstand leisten. Das ist so, weil ein falscher Fokus buchstäblich Widerstandsenergie erzeugt und stärkt.«

Er sah, daß die Teller leer waren. »Da ihr mit dem Hauptgang fertig seid, können wir jetzt beginnen. Das Dessert könnt ihr später essen. Ich warne euch: Es ist *nicht* unbedingt der beste Zeitpunkt, das, was wir jetzt tun werden, nach dem Abendessen zu tun, denn ihr müßt euch dann in besonderem Maße bemühen, wach zu bleiben. Bitte, kommt mit mir.«

Salvatore stand auf und verließ den Tisch, und die anderen folgten ihm. Er führte sie in seinen Privatbereich in dem großen Gebäude, und nachdem alle sich in einem Wohnzimmer versammelt hatten, forderte er sie auf, es sich bequem zu machen, wo sie wollten.

»Ich möchte, daß ihr mit möglichst aufrechter Wirbelsäule sitzt«, sagte er. »Durch eine aufgerichtete Wirbelsäule fließt die Energie auf eine harmonischere und für die Seele förderlichere Weise.«

Gus und Mac, die sich beide Lehnsessel ausgesucht hatten und sich darin räkelten, setzten sich schnell aufrecht hin. Während Gus den Rücken so aufrecht wie möglich zu halten versuchte, setzte sich Mac auf den Boden, streckte die Beine vor und benutzte den Sessel als Rückenstütze. Mike und Steve hatten kleinere Sitzgelegenheiten mit aufrechteren Lehnen gewählt.

Salvatore stellte sich vor sie, um besser Augenkontakt zu ihnen aufnehmen zu können. Er sagte: »Hört gut zu. Hier geht es um euch, um euer Leben. Jeder von euch ...«

»Meinst du nur uns oder alle Menschen?« fiel Steve ihm ins Wort.

Salvatore schaute ihn mit gerunzelter Stirn an. »Natürlich sind alle Menschen gemeint, aber im Augenblick spreche ich zu euch. Also hört zu. Ein Menschenwesen hat viele Körper. Allerdings könnt ihr von diesen nur den physischen Körper sehen. Die übrigen Körper werden feinstoffliche Körper genannt. Um es nur kurz zu erwähnen: Es handelt sich um den Emotionalkörper, den Mentalkörper, den Astralkörper, den ätherischen Körper und noch andere – mehr, als im allgemeinen angenommen wird. Im Augenblick spielt nur das eine Rolle, dessen ihr euch bewußt seid. Allerdings ist wichtig, was ihr über euren Lichtkörper wißt. Ihr könntet diesen Körper das metaphysische Selbst nennen – wobei ›metaphysisch‹ bedeutet, daß es sich um etwas handelt, das außerhalb des physischen Bereichs liegt. Wir alle kennen unseren physischen Körper, auch wenn Menschen über ihren physischen Körper und seine Grundbedürfnisse normalerweise erschreckend wenig wissen. Doch nur sehr wenige Menschen kennen ihren Lichtkörper. Hört jetzt gut zu: Das Leben ist keine physische Realität! Das Leben ist eine spirituelle Realität, die wir auf der physischen Ebene erfahren. Könnt ihr euch auch nur vorstellen, auf wie beschränkte Weise ein Durchschnittsmensch sein Leben wahrnimmt?«

Er schaute die anderen an.

Sie schüttelten wie betäubt die Köpfe.

»Wenn das Leben eines Menschen auf die physische Erfahrung beschränkt ist, lebt der Betreffende *sehr* eingeschränkt. Auch wenn das Physische die Kleidung der Seele ist, sollte euch klar sein, daß unser Gewahrsein und unser Fokus über unsere Realitätserfahrung entscheiden. Ob wir in einer eingeschränkten Konsensusrealität oder in einer grenzenlosen, umfassenderen Realität leben, liegt ganz und gar bei uns. Und keins von beiden ist richtig oder falsch, gut oder schlecht. Alles ist eine Frage der Entscheidung.

Wir alle haben einen Lichtkörper. Wäre das nicht so, könnten wir auch keinen physischen Körper haben. Unser Lichtkörper steht in einer viel direkteren Beziehung zu unserer Seele als unser physischer Körper – es sei denn, man ist besonders bewußt und verfügt über ein hohes Maß an spiritueller Erfahrung. Ich werde euch jetzt beibringen, wie ihr auf euren Lichtkörper fokussieren und eure Erfahrung des Lebens erweitern könnt. Ihr müsst wissen, alle Gewohnheitsmuster destruktiven Verhaltens entstehen auf der physischen Ebene, werden jedoch auf einer metaphysischen Ebene von einem Leben ins andere transportiert. Ich werde euch beibringen, wie ihr zu dieser Ebene in Kontakt treten und durch Veränderung eures Fokus die Gewohnheitsmuster verändern könnt. Zwar erfordert das ein wenig Übung, aber eigentlich ist es leicht!

Also gut. Ich möchte, daß ihr euch jetzt entspannt. Ich weiß, daß Mike mit dieser Art innerer Arbeit schon

Erfahrung hat und daß sie für euch andere neu ist. Es geht hier eigentlich nicht um eine richtige Meditation, sondern um eine innere Übung. Bei der Meditation geht es generell um Schweigen und innere Stille. Ihr werdet jedoch aktiv sein. Ihr werdet einen Teil von euch trainieren, den ihr seit langem nicht nutzt: euren Lichtkörper. Bei dieser Übung müßt ihr eure Imagination nutzen. Ich möchte, daß ihr euch vorstellt, worüber ich spreche, und daß ihr am Geschehen teilnehmt. Beobachtet es im Geiste nicht wie auf einem Bildschirm, als passive Betrachter, sondern beteiligt euch daran. Ihr seid Mitspieler, keine Betrachter, Teilnehmer, keine Zuschauer. Habt ihr das verstanden?«

Er lächelte, während die anderen ernst nickten.

»Ihr braucht nur meinen Anweisungen zu folgen und mit dem Geist bei dem zu bleiben, was ich sage. Ich werde langsam sprechen und viele Pausen machen. Gibt es noch irgendwelche Fragen, bevor wir anfangen?«

»Meinst du, daß wir durch diese innere Übung tatsächlich von unserem Lichtkörper aus sehen und erfahren werden?« fragte Steve.

Salvatore nickte. »Ja, aber ihr werdet es in unterschiedlichem Maße erfahren. Kann sich irgend jemand von euch noch daran erinnern, wie lange er gebraucht hat, um gehen zu lernen, von den ersten Anfängen an?«

Die anderen wirkten verblüfft und schüttelten verneinend die Köpfe.

»Seht ihr«, versetzte Salvatore. »Ihr wißt nur noch, daß es einige Zeit gedauert hat, daß dies jedoch unumgänglich war, um jene physische Fertigkeit zu erlernen.

Genauso verhält es sich mit dem, was wir jetzt tun wollen. In jedem physischen Leben lernt ihr erneut zu gehen, aber das dauert einige Zeit. Mit Hilfe eures Lichtkörpers auf euer Leben zu fokussieren und euren Lichtkörper zu erfahren ist leichter und natürlicher, als zu gehen. Man kann es sich ähnlich wie bei einem untrainierten Muskel vorstellen. Wenn ihr ihn regelmäßig benutzt und ihn oft trainiert, wird er stark und leistungsfähig; genauso ist es mit eurem Lichtkörper. Ihr profitiert in dem Maße, wie ihr investiert. In diesem Fall investiert ihr in euch selbst.

Und dann noch ein letzter Punkt, bevor wir beginnen. Ich werde euch zu eurem Lichtkörper geleiten und euch dann eine Treppe hinabführen. Wenn ihr an diesem Punkt angekommen seid, müßt ihr in eure eigene einzigartige Erfahrung eintreten. Nun laßt uns beginnen. Gus leidet unter seiner emotionalen Abhängigkeit, aber er dichtet gern. Deshalb empfehle ich ihm, wenn er am unteren Ende der Treppe angekommen ist, einen wunderschönen Garten zu visualisieren, in dem unter Bäumen am Ufer eines Teichs ein kleines Sommerhaus steht. Gefällt dir das, Gus, oder wäre dir etwas anderes lieber?«

Gus kicherte schelmisch. »Es klingt wundervoll, aber zum Dichten sitze ich lieber in einem Café mit dem richtigen Ambiente, mitten auf einem belebten Platz in einem Einkaufszentrum.«

Salvatore lachte. »Dann ist das eben deine Szene, und das Café ist dein besonderer Ort. Erschaffe ihn, und stell dir das Café so vor, daß du dich wohl fühlst.«

»Kann ich mir auch Kaffeetassen ohne Boden vorstellen?«

»Klingt absolut perfekt.« Salvatore lachte in sich hinein. »Das Wichtigste ist, daß ihr alle euch einen Ort vorstellt, der euch anzieht, so daß ihr das Bedürfnis verspürt, regelmäßig dorthin zurückzukehren.«

»Ich nehme den wundervollen Garten mit dem Sommerhaus«, sagte Steve. »Und wenn das in Ordnung ist, statte ich ihn mit einem Stereo-Hifi-System und einer Bibliothek mit meinen Lieblings-Science-Fiction-Schmökern aus.«

»Perfekt«, sagte Salvatore und klatschte dabei leicht in die Hände. »Wie steht es mit dir, Mac?«

»Ehrlich gesagt, bin ich mir nicht sicher. Hat irgend jemand eine Idee, die mir helfen könnte?«

»Wie wäre es mit Trekking in der Wildnis?« schlug Mike vor. »Das könnten sogar Orte sein, die du noch nie gesehen hast, so daß du mit Hilfe deiner Vorstellungskraft unbekannte Gebiete kreieren und sogar sehen könntest. Stelle dir vor, welche Interaktion mit der Natur du entwickeln könntest.«

Mac schaute ihn mit leuchtenden Augen an. »*Das* gefällt mir. Ich glaube, ich kapiere allmählich, worum es hier wirklich geht. Was wirst du visualisieren, Mike?«

»Das ist einfach«, antwortete Mike lächelnd. »Ich werde Fischen gehen.«

»Ausgezeichnet, wirklich sehr gut«, sagte Salvatore und lächelte in sich hinein. »Entscheidend ist, daß ihr einen Ort wählt, für den ihr euch begeistern könnt, einen Ort, den ihr gern aufsucht. Wenn ihr also am unteren Ende der Treppe angekommen seid, werde ich euch nicht weiter führen. Gus wird dann in sein Café auf der Plaza gehen und dichten. Mac wird zum Trekking in freier Natur aufbrechen. Steve wird sich in seinem Sommerhäuschen Soul-Music anhören, und Mike wird Fischen gehen. Klingt nicht schlecht. Ich werde etwa zehn bis fünfzehn Minuten still bleiben und euch dann wieder aus der Situation hinausgeleiten. Bevor ich das tue, werde ich sagen: ›Noch eine Minute‹, damit ihr euch bereitmachen könnt.«

»Das ist aber nicht lang«, bemerkte Steve.

»Da es sich um eine nicht-lineare Realität handelt, werdet ihr überrascht sein«, antwortete Salvatore. »Eine metaphysische Realität ist nicht an die physische Zeit gebunden. Bei dieser Übung geht es einfach darum, euch beizubringen, wie ihr es machen könnt. Wenn ihr die Übung später allein wiederholt, könnt ihr so lange damit weitermachen, wie ihr wollt. Dabei solltet ihr euch jedoch darüber im klaren sein, daß mehr nicht unbedingt auch besser ist. Es geht um die *Qualität* der Erfahrung, nicht um ihre Quantität.

Nun setzt euch mit geradem Rücken hin, so daß eure Wirbelsäule sich in aufrechter Position befindet, weil das den Fluß der Energie verbessert. Schließt die Augen, sanft und leicht. Entspannt euch. Laßt zu, daß sich die kleinen Muskeln um die Augen entspannen. Laßt die Spannung aus eurem Kopf entweichen: all die Sorgen, laßt sie los, und den Streß, den sie erzeugen, laßt ihn einfach von euch abfallen. ... Nehmt die schützende Stahlplatte von eurem Kopf. ... Ihr seid in völliger Sicherheit. ... Und stellt euch vor, daß die Oberfläche eures Kopfes ein klarer, stiller und ruhiger Teich ist. ... Laßt zu, daß euer Kiefer sich entspannt, und eure Kehle ... und spürt die Welle sanfter Entspannung, die zu eurem Solarplexus hinabströmt.

Entfernt die unbewußte psychische Barriere, die euren Solarplexus abschirmt. ... Das ist wichtig. ... Und spürt, wie euer Solarplexus weich, warm, offen und verletzlich wird. ... Eure Arme, Beine, euer ganzer physischer Körper entspannt sich, wird immer entspannter, aber als Lichtwesen seid ihr wach und bewußt.

Fokussiert liebevoll und respektvoll auf euren physischen Körper und eure physische Identität. Fühlt euch gut mit euch. ... Und jetzt visualisiert einen Lichtkörper, der euren physischen Körper enthält. Dieser Lichtkörper ist immer bei euch; ihr braucht ihn also nicht mit Hilfe eurer Imagination zu schaffen. Laßt einfach zu, daß eure Imagination ihn findet, ihn sieht, und seiner gewahr ist. Und jetzt löst eure Identitätsfokussierung und befördert euer Identitätsgefühl ... alles, was ihr als euch zugehörig anseht ... in jenen Lichtkörper. Ihr seid euch jetzt eurer selbst als eines wundervollen Lichtwesens bewußt. Dies ist in der Tat die Wahrheit eurer höheren Realität.

Vor eurem inneren Auge taucht nun ein Regenbogen auf, dessen Farben eine wundervolle Einladung sind. Entfernt euch als Lichtwesen von eurem physischen Körper. ... Ihr seid sicher. ... Und geht zu dem Regenbogen. ... Tretet in die Farbe Rot ein. Laßt das Rot, während es durch die Lichtheit eures Seins fließt, alle eure noch verbliebene physische Anspannung wegnehmen. ... Und jetzt tretet in das Orange ein. Laßt es, während es durch die Lichtheit eures Seins fließt, alle eure Ängste mitnehmen, die loszulassen ihr bereit seid. ... Und nun begebt euch in das Gelb. Laßt es, während es durch die Lichtheit eures Seins fließt, alle ablenkenden, analysierenden, ungewollten und unnötigen Gedanken wegnehmen, so daß ihr in einen klaren, fokussierten und offenen Zustand versetzt werdet. ... Nun könnt ihr in das Grün eintreten, wo der Friede der Natur sich entfaltet und euch umarmt. ... Fahrt dann fort, indem ihr euch in das Blau begebt, die vibrierende, heilende Energie der Liebe. ... Und weiter in die spirituelle Erhabenheit des Indigo, das euch in einen höheren Bewußtseinszustand befördert, ... wo ihr möglicherweise in das violette Licht der Harmonie eintretet und es in euch aufnehmt.

Nachdem ihr den Regenbogen wieder verlassen habt, findet ihr eine große Kugel aus weißem Licht vor euch. Ihr tretet in die Kugel ein und geht langsam durch sie hindurch ... taucht als Wesen des Lichts daraus auf, pulsierend, geheilt und voller Energie. Vor euch seht ihr zwanzig Stufen, beleuchtet vom Licht, sehr sicher, und ihr wißt, daß ihr bereit seid. Ihr geht die Stufen hinab, beginnend mit 21, 20, 19, 18, 17, 16, 15, 14, 13, 12, 11, tiefer ... tiefer ... tiefer ... 10, 9, 8, 7, 6, 5, 4, 3, 2, 1.

Nachdem ihr die letzte Stufe hinabgegangen seid, begebt ihr euch in eure eigene innere kreative Wirklichkeit.«

10
Alles kommt zusammen

Zehn Minuten vergingen, dann zwölf, und dann hatte Salvatore das Gefühl, daß die anderen bereit waren zurückzukehren. Er sagte: »Eine Minute.«

Eine Minute verging. »Kommt jetzt zurück zu den Stufen. ... Es ist jetzt Zeit, die Treppe wieder hinaufzugehen, beginnend mit 1, 2, 3, 4, 5, 6, 7, 8, 9, 10, 11, 12, 13, 14, 15, 16, 17, 18, 19, 20, 21. Und wenn ihr die Stufen hinaufgegangen seid, geht ihr wieder durch den wunderschönen Regenbogen und tretet in die Farben Violett ... Indigo ... Blau ... Grün ... Gelb ... Orange ... und schließlich Rot ein.

Dann laßt ihr den Regenbogen als Lichtwesen zurück und begebt euch wieder in eure Identität, in euren physischen Körper zurück. Während sich euer physischer Körper im Licht des Selbst entfaltet, seid ihr euch des Lichtes des Selbst bewußt, das in jeder Zelle eures physischen Körpers gegenwärtig ist. Euch wird klar, daß ebenso, wie euer Körper im Licht des Selbst enthalten ist, auch jede Zelle, jedes Molekül in diesem strahlenden Licht verweilt. Es liegt völlig an euch, ob ihr in der Illumination dieses Lichtes oder in der Dunkelheit der Selbstverleugnung lebt. Euch wird bewußt, daß ihr zwar einen physischen Körper habt und daß dieser Körper der eure ist, daß er aber nicht ausmacht, wer ihr seid. Ihr seid großartige metaphysische Lichtwesen. Dies ist eure Wahrheit, und wenn ihr auf sie fokussiert und sie lebt, wird sie euch befreien.

Nun zieht euren Fokus von eurem Lichtkörper-Selbst ab und richtet ihn wieder auf euer physisches Selbst, eure Identität. Atmet tief ein, füllt eure Lunge ... und atmet langsam aus. Und noch einmal: tief einatmen, die Luft innen behalten, und dann langsam ausatmen. Und dann noch einmal: Atmet tief ein, haltet die Luft an, und während ihr langsam ausatmet, könnt ihr die Augen öffnen.«

Nacheinander öffneten Mike und seine Freunde die Augen.

»Das war schön«, sagte Steve sichtlich erfreut. »Ich konnte den Anweisungen leichter folgen, als ich befürchtet hatte, aber was mich am meisten überrascht hat, war die Musik, die ich in dem Sommerhaus gehört habe. Ich legte eine Musik-CD auf, die mir gefällt, die ich mir aber nicht oft anhöre, und ich habe sie völlig klar gehört.« Er warf Salvatore einen mißtrauischen Blick zu. »Hast du etwa eine CD von Tony O'Connor aufgelegt?«

Salvatore lachte und schüttelte verneinend den Kopf. »Wenn ich es getan hätte, meinst du nicht, wir alle hätten sie dann gehört? Sag mir: Meinst du, du könntest deine selbstmitleidigen Gedanken durch eine schnelle Reise in das Sommerhaus ersetzen?«

»Ob ich das könnte?« Steve lachte. »Jederzeit.«

»Ich hatte gedacht, es würde mir leichter fallen«, grübelte Gus, »aber das war nicht so. Ich mußte mir richtig Mühe geben, fokussiert zu bleiben. Meine Gedanken haben mich immer wieder abgelenkt und zerstreut. Trotzdem ist es mir schließlich gelungen, mein Lieblingscafé aufzusuchen, und erstaunlicherweise ist mir dort ein Gedicht eingefallen, das ich bald aufschreiben werde.«

Salvatore ging schnell zu einem kleinen Tisch und kam mit Schreibblock und Stift zurück. »Bedien dich, bevor du es wieder vergißt«, sagte er und hielt Gus die Schreibutensilien hin.

Gus dankte ihm und zog sich in eine Ecke zurück. An seinem Gesicht war deutlich zu erkennen, daß er um Konzentration rang.

»Wie ist es dir ergangen, Mac?« fragte Mike.

»Ich habe mich selbst überrascht«, antwortete der. »Ich hatte geglaubt, es würde schwierig werden, aber nachdem ich die letzte Stufe hinuntergegangen war, fand ich mich zu meinem eigenen Erstaunen in der Wildnis Alaskas wieder, einer Gegend, wo ich noch nie war, aber immer hin wollte. Ich ging auf einem genau vorgezeichneten Weg, und der Boden war mit einer dünnen Schneeschicht bedeckt. Das hat mich überrascht. Ich war völlig in der Situation drin. Es war wundervoll!«

»Hast du irgendwelche sexuellen Gedanken oder Gefühle bemerkt, während du dem Pfad gefolgt bist?« fragte Salvatore.

»Absolut nicht. Das kommt in Wirklichkeit nie vor«, antwortete Mac.

»Da muß ich etwas klarstellen«, entgegnete Salvatore. »Was du gerade erlebt hast, *ist* die Wirklichkeit. Ich habe dir schon gesagt, daß die Wirklichkeit nicht ausschließlich physisch und linear ist, sondern außerdem auch metaphysisch und nichtlinear. Wenn ihr an nichts glaubt, was außerhalb der linearen Wirklichkeit liegt, lebt ihr euer Leben nur halb.«

»Ist das ein Teil einer Konsensus-Realität?« fragte Mike.

Salvatore nickte. »Leider ja.«

»Dann war das gar keine Phantasie?« fragte Gus.

»Nein. Ihr habt soeben den Rand einer umfassenderen Wirklichkeit gestreift«, antwortete Salvatore. Er schaute Mac an. »Um fortzufahren: Glaubst du, daß du deine Gedanken auf deinen Lichtkörper fokussieren und ein wenig in der Wildnis wandern kannst, sobald sich deine alltäglichen Gedanken dem Sex zuwenden? Statt gegen unerwünschte Gedanken zu kämpfen und einen inneren Konflikt zu erzeugen, veränderst du einfach deinen Fokus.«

Mac nickte entschieden. »Ja, aber das hieße, ziemlich lange den Fokus von der Realität weg zu verlagern – ich meine natürlich von der physischen Realität«, korrigierte er sich schnell.

Salvatore schmunzelte in sich hinein. »Du scheinst es allmählich zu kapieren, mein Sohn. Abgesehen davon ist dies im Augenblick kein Problem. Jedesmal wenn du diese Übung ausführst, sprichst du im Gehirn neue Synapsen an, neue Wege, welche die geistige Kreativität schaffen und einschlagen kann. Euer Gehirn wird ziemlich schnell herausfinden, wie sich die inneren Übungen ›anfühlen‹. Und so schnell, wie du lernst, den Öffnungsprozeß nachzuvollziehen, wirst du dort, am untersten Punkt der Treppe sein. Nach einiger Zeit wird es so sein, als würdest du in deinem Gehirn einen Schalter umlegen.«

»Ja«, entgegnete Mike. »Ich habe es auf diese Weise erfahren. Mein Gehirn weiß, sobald ich meine Augen schließe und fokussiere. Und dann ist da das Gefühl des Raums ... und der Unterschiedlichkeit. Ich erinnere mich allerdings daran, daß vor ein paar Jahren, als ich mit dieser Arbeit begann, alles von Widerstand geprägt war. Mein Geist schnatterte permanent sinnloses Zeug. Ich habe nicht lange gebraucht, um darüber hinwegzukommen, aber ich glaube, daß auch Gus dies durchstehen muß.«

»Habe ich meinen Namen gehört?« fragte Gus und gesellte sich wieder zu den anderen.

»Ja, ich war das«, sagte Mike und wiederholte, was er gerade gesagt hatte.

Gus wirkte verlegen. »Ich nehme nicht an, daß ihr mein kümmerliches Gedicht hören wollt.« Er seufzte, während er sah, wie Salvatore ihn mit Raubtieraugen durchbohrte. »Okay, okay, mein ›brillantes‹ Gedicht, habe ich gemeint.«

»Wenn es brillant ist, wollen wir alle es hören«, sagte Steve.

»Okay, ich weiß, wann ich mich geschlagen geben muß«, sagte Gus und korrigierte sich schnell: »Ich meine, ich weiß, wann es an der Zeit ist, zuzugestehen, daß ich euch mein Gedicht mitteilen muß.«

Salvatore nickte. »Es sinkt wirklich allmählich ein ... die Macht des gesprochenen Worts. Denkt daran, wir leben unsere Gedanken und unsere Worte; sorgt also dafür, daß sie euch Ehre machen. Und jetzt bist du an der Reihe, Gus.«

Gus atmete tief ein und blickte auf sein Blatt Papier. Während er sprach, schaute er den übrigen in die Augen.

»Tief innen, jenseits der abebbenden Gezeiten
flacher Verzweiflung,
liegen die unermeßlichen und grenzenlosen Tiefen
des Selbst,
und ich werde wissen, daß alles neu ist,
immer wieder neu.
Jenseits der fortschreitenden Ebbe.
Ich warte nicht, sondern gehe den unermeßlichen
Tiefen entgegen.«

Als er geendet hatte, folgten einige Augenblicke des Schweigens.

»Wow«, rief Steve aus. »Das ist ja unglaublich. Ich hätte nie geglaubt, daß du solche Poesie in dir hast, Gus.«

»Ich auch nicht«, antwortete Gus verwundert. »Meist sind meine Gedichte ziemlich banal und zynisch.«

»Das ist es, was ich unter kreativer Nutzung der inneren Energie verstehe«, schaltete Salvatore sich in das

Gespräch ein. »Hat mir sehr gefallen, Gus. Sehr gut gemacht. Deine Worte zeigen, daß deine Weisheit lebendig und wohlauf ist und sich danach sehnt, sich mit dir zu verbinden und mit dir zusammen ein Leben zu erschaffen, das dir Ehre macht. Streng dich an. Wahrscheinlich wirst du feststellen, daß es diesem Gedicht deshalb an Zynismus fehlt, weil es aus einem tieferen Aspekt deiner selbst hervorgegangen ist. Wenn du zu jenem wundervollen Sein in Kontakt trittst, das du bist, wirst du keine Kritik, keinen Zynismus und keine Negativität finden, sondern nur das Herz des Lebens.«

»Du benutzt in unseren Gesprächen oft das Wort Ehre, und in einem allgemeinen Sinne weiß ich, was es bedeutet«, sagte Steve. »Aber ich bekomme allmählich das Gefühl, daß Ehre für dich sehr wichtig ist. Als wir das erste Mal hier zusammen waren – mein Gott, das ist ja erst ein paar Tage her! –, hast du gesagt, daß Ehre das wichtigste Prinzip ist. Könntest du das bitte noch einmal etwas ausführlicher erklären?«

Salvatore nickte. »Ich habe die feste Absicht, über die Ehrung des Selbst zu sprechen, sobald der Zeitpunkt dafür gekommen ist. Und er ist nicht mehr fern! Ist euch klar, daß zur rechten Zeit mitgeteilte Wahrheit empfangene Wahrheit ist? Ist der richtige Zeitpunkt noch nicht gekommen, werden nur simple Worte übermittelt, die etwas ergeben, wovon der Intellekt *meint*, er wisse es. Der Intellekt kennt zwar sämtliche Bedeutungen der Worte, aber nicht die Weisheit, die sie enthalten. Weisheit ist nicht der Sinn der Worte, sondern die Verbindung zur Essenz der in ihnen enthaltenen Erfahrung. Weisheit ist keine lineare Erfahrung, sondern eine sphärische. Mit anderen Worten: Was ihr für Weisheit haltet, ist in einem Augenblick enthalten, der Vergangenheit und Zukunft in das Jetzt bringt.«

Salvatore lächelte. »Um es einfacher auszudrücken: Weisheit ist ein Ereignis des Herzens, nicht des Kopfes!«

»Ich hoffe, daß wir bald über die Ehre sprechen werden«, sagte Mike, »aber vielleicht sollten wir uns mit dem, was du gerade gesagt hast, noch ein wenig gründlicher beschäftigen. Meinst du, daß die Erfahrung des Herzens räumlich ist, wohingegen die Erfahrung des Kopfes linear ist?«

»Das hast du sehr gut ausgedrückt. Genau das meine ich. Beim Herzen geht es um die Intelligenz, beim Kopf hingegen um den Intellekt. Die heutige Gesellschaft unterliegt der Herrschaft des Gehirns und des Intellekts; sie wird von einer Wissenschaft dominiert, die ihr Herz und ihre Intelligenz weitgehend verloren hat. Ihr braucht euch nur unsere Umwelt, unsere Regierungen und unseren medizinischen Fortschritt anzuschauen, um dies zu erkennen. Ich sage nicht, daß dies falsch oder richtig ist; es ist einfach so, wie die Dinge sind.«

»Aber muß es nicht so sein?« fragte Steve.

»Nein, aber es ist charakteristisch für das Bewußtsein der meisten Menschen.«

»Du meinst also, daß die Situation, in der wir uns als Menschengeschlecht befinden, und das, womit wir in unserem Alltag konfrontiert werden, nicht die Schuld einiger weniger ist, beispielsweise der Regierungen oder von Führerpersönlichkeiten verschiedenster Art?« sagte Gus, »sondern daß es Menschen wie ich sind, Menschen mit ähnlichen Problemen und Schwächen, die Länder regieren und als Wissenschaftler und Mediziner arbeiten. Und weil ihre Sicht des Lebens unzutreffend ist und sie auch ihre Beziehungen zu sich selbst und zur Realität falsch sehen, befindet sich die gesamte Menschheit in dieser Situation. Ist es so?«

»Leider ja«, antwortete Salvatore und nickte. »Die heutigen Helden und Heldinnen werden nicht aufgrund ihrer Weisheit erwählt. Sportlichen und geschäftlichen Erfolgen wird Beifall gespendet. Wie viele Menschen wollen heute von der Wahrheit auch nur etwas wissen? Damit kommen wir wieder auf die Bedeutung des richtigen Zeitpunkts zurück. Jemand hat gesagt, daß die Menschheit als Ganzes in einen Schlaf verfallen, der Prozeß des Aufwachens hingegen ein individueller sei. Der Schlüssel zum Erwachen läßt sich nur genau zum richtigen Zeitpunkt im Schloß umdrehen. Bis dieser gekommen ist, bleibt die Tür zu einer umfassenderen Realität verschlossen.«

»Drehen *wir* diesen Schlüssel jetzt um?« fragte Steve hoffnungsvoll.

»Sagen wir einmal, ihr nähert euch der Tür und seid euch ihrer Realität bewußt«, antwortete Salvatore. »Aber ihr könnt völlig beruhigt sein: Ihr *könnt* das Schloß aufschließen und durch die Tür gehen. Es liegt völlig an euch. Die einzige Regel lautet: um einzutreten, müßt ihr die Entscheidung *leben*. Seid froh, daß ihr jetzt zumindest schon wißt, daß es eine Tür *gibt*.«

Salvatore schaute einen Moment auf die alte, laut tickende Standuhr in einer Ecke des Raumes, erhob sich dann und sagte: »Kommt, laßt uns zum Tisch zurückgehen, damit ihr noch zur rechten Zeit euer verdientes Dessert bekommt.«

Sie folgten ihm zurück in den Speiseraum, der sich mittlerweile rasch leerte. Nachdem jeder eine der extravaganten Köstlichkeiten gewählt hatte, die einem schon beim bloßen Lesen der Dessertkarte das Wasser im Munde zusammenlaufen ließen, setzten sich alle wieder auf die Stühle und leerten ihre Gläser.

»Über die Ehre werden wir an einem anderen Abend sprechen«, sagte Salvatore. »Ich möchte euch jetzt eine Woche lang nicht sehen. In dieser Zeit sollt ihr täglich üben, was ich euch beigebracht habe. Wenn eure Gedanken euch an Orte führen, die ihr nicht noch einmal aufsuchen wollt, dann zieht eure innere Kraft aus der Situation zurück. Fokussiert auf eine innere Reise, und tut es sooft am Tag, wie ihr es für erforderlich haltet. Ihr braucht euch nicht extra hinzusetzen und die Augen zu schließen. Ebenso wie eure Gedanken ihrer eigenen Wege gehen können, während ihr arbeitet, kann man sie auch auf wunderschöne Wege lenken.«

»Ich habe Harriet noch nicht von euch erzählt«, sagte Gus. »Daß ich an den letzten Abenden immer sehr spät nach Hause gekommen bin, macht sie ein wenig neugierig, aber sie macht sich keine Sorgen. Soll ich ihr sagen, was ich mache? Sollte ich ihr erzählen, daß ich dabei bin, ein anderer Mensch zu werden?«

»Das überlasse ich ganz dir«, antwortete Salvatore. »Aber ich persönlich halte es für besser, wenn du es ihr nicht sagst. Lebe deine Wahrheit, und laß deine eigene Erneuerung alles wie ein Leuchtfeuer beleuchten. Lebe dein Licht, so daß das alte Ewig-Gleiche vom Lichte deiner neuen Art zu leben verzehrt wird.«

Seine Augen schweiften zu Gus, Steve und Mac. »Hört mir sehr genau zu. Die Menschen, mit denen ihr zusammenlebt, werden euch stark unter Druck setzen, weiterhin genauso zu sein, wie ihr immer gewesen seid. Man wird euch zur Konformität drängen. Sie werden von euch erwarten, daß ihr so bleibt, wie ihr immer wart. Habe ich mich verständlich ausgedrückt? Kämpft nicht gegen diesen Druck an, und leistet ihm keinen Widerstand. Was andere Menschen von euch erwarten, hat nichts mit euch zu tun, und es kann auch keine Macht über euch gewinnen. Ihr braucht euch nur darauf zu konzentrieren, euer neues Ich zu leben und zu sein. Wenn ihr Menschen erklärt, ihr hättet euch verändert, fordert ihr sie geradezu auf, sich über euch lustig zu machen. Wenn ihr tatsächlich anders lebt als vorher, werden die anderen zu euch sagen: ›*Du* hast dich aber verändert.‹ Und ihr könnt dann antworten: ›Ja. Ich lebe jetzt auf eine Weise, die mich ehrt.‹ Fürchtet euch nie vor eurer Wahrheit, selbst wenn andere sich deswegen über euch lustig machen. Sobald ihr auch nur anfangt, aus der Konsens-Realität auszubrechen, werden andere Druck auf euch ausüben. Traut euch, die zu sein, die ihr wirklich seid. Zu eurer eigenen Wahrheit zu stehen erfordert

Mut, aber über diesen Mut verfügen wir alle. Nutzt ihn.«

Er schaute Gus an. »Am schwierigsten wird es für dich werden. Mac und Steve leben praktisch allein. Mike ist schon lange auf dem Pfad, und seine Frau teilt seinen Weg. Aber du mußt mit einer nicht sehr verständnisvollen Lebensgefährtin und zwei Töchtern, die all das nicht begreifen, zurechtkommen. Denke also daran, daß es letztendlich um den Fokus geht. Versuche nicht, ihnen Vorträge zu halten oder sie so zu verändern, wie es deinen Vorstellungen entspricht. Projiziere deine emotionale Bedürftigkeit nicht mehr auf sie, aber gib ihnen soviel emotionale Unterstützung, wie du kannst. Das ist sehr wichtig. Ich werde dir aber nicht erklären, warum. Wenn wir uns das nächste Mal treffen, kannst du mir über deine Erfahrungen berichten.«

Nachdem Salvatore alle mit seinem magnetischen Blick angeschaut hatte, lächelte er und sagte: »Wir sind nicht viele Abende zusammengewesen, aber insgesamt waren es doch etliche Stunden, in denen ich euch mit der Wahrheit bekannt gemacht habe. Nun seid ihr an der Reihe. *Die Wahrheit muß gelebt werden.* Kämpft nicht gegen irgend etwas im Leben, nicht einmal gegen eure Krankheit. Umarmt sie, lernt von ihr, und laßt sie dann los. Nichts ... ich wiederhole: Nichts tritt zufällig in euer Leben. In einem Jahr vielleicht, wenn ich sehe, daß ihr bereit seid, werden wir dies wesentlich vertiefen. Im Moment liegt alles in eurer Hand, und ich *weiß*, daß ihr es schaffen könnt.«

»Woher *weißt* du das denn so genau?« fragte Gus.

»Ich spreche nur mit Menschen und vermittle ihnen die Prinzipien der Wahrheit, wenn für sie die Zeit gekommen ist, dies zu tun«, antwortete Salvatore. »Falls diese neue Art zu leben euch also schwerfällt – und selbst das ist eure Wahl –, dann wißt, daß ihr Erfolg haben könnt.«

Mike lachte leise. »Ich habe dir so intensiv zugehört, daß ich beim Essen überhaupt nichts geschmeckt habe. Was für eine Verschwendung!«

»Möchtest du noch etwas?« fragte Salvatore.

»Nein«, antwortete Mike, »ich fand das nur amüsant.«

»Dann kannst du dich auch über mich amüsieren«, meldete Steve sich zu Wort. »Ich kann mich nicht einmal daran erinnern, daß ich mein Dessert überhaupt gegessen habe, und doch ist es weg.«

Gus und Mac lachten und nickten bestätigend.

»Wie wäre es, wenn wir uns in einer Woche wiedertreffen? Könnt ihr das ohne Probleme arrangieren?«

»Ich bin mir nicht sicher«, antwortete Mike wehmütig.

»Wir werden später über deine Situation sprechen«, sagte Salvatore.

»Für mich ist es kein Problem«, sagte Steve keck.

»Für mich auch nicht«, kam es von Gus und Mac.

Am nächsten Morgen suchte Mike Salvatore auf seiner Veranda zum Kaffee auf. Wie immer trank Salvatore selbst Grapefruitsaft. Die Atmosphäre war sehr entspannt; sie hatte nichts von einer Lehrer-Schüler-Beziehung.

»Ich nehme an, daß du heute morgen wie gewöhnlich mit Tessa telefoniert hast.«

Mike nickte. »Ja. Ich rufe sie jeden Morgen um neun an ihrem Arbeitsplatz an. Sie möchte, daß ich nach Hause komme.« Er lachte verschmitzt. »Wie allgemein bekannt ist, fördert Abwesenheit die Zuneigung Verliebter. Da wir uns noch nie für längere Zeit getrennt hatten, hat uns diese Woche zumindest gezeigt, wie sehr wir unser Zusammensein genießen und wie ungern wir voneinander getrennt sind. Ich möchte gegen Mittag aufbrechen. Wenn ich auf dem Weg übernachte, kann ich morgen zeitig zu Hause sein.«

Er seufzte. »Ich würde wirklich gern hierbleiben und die Arbeit fortsetzen, aber andererseits vermisse ich Tessa und die Kinder.« Er zögerte, seiner selbst unsicher. »Könntest du vielleicht irgendwann in Zukunft zu uns kommen und eine Zeit bei uns bleiben? Natürlich nur, wenn es dir möglich ist«, fügte er schnell noch hinzu.

»Es wäre mir eine Freude, deine Einladung anzunehmen. Aber du mußt zuerst mit Tessa darüber sprechen. Wer weiß, vielleicht könnten wir ja gemeinsam in meinem Haus am Meer Urlaub machen. Wir werden sehen. Bevor du gehst, werde ich dir meine E-mail-Adresse geben, und wir werden in Kontakt bleiben.«

Mike starrte ihn an. Seine Augen leuchteten vor Freude. »Das würde uns beiden sicher gefallen; darauf kann ich dir mein Wort geben. Tessa ist genauso stark an dieser neuen Art von Gewahrsein interessiert wie ich, und sie ist viel intuitiver als ich. Sie ist einfach wundervoll.«

»Da gibt es noch etwas, das du vielleicht vergessen hast«, sagte Salvatore. »Es ist an der Zeit, daß du die magische Formel empfängst.«

Mike starrte ihn entgeistert an. »Mein Gott! Das hatte ich tatsächlich völlig vergessen. Ich bin so begierig darauf, zu Tessa zurückzukommen, daß mir das völlig entfallen ist. Aber es ist nicht nur das. Ich habe das Gefühl, daß ich ohnehin schon so viel bekommen habe.«

»Es freut mich, daß du dich so fühlst«, antwortete Salvatore lächelnd.

Dann gab er Mike ein flaches Päckchen und die magische Formel.

Eine Woche verging.

11
Veränderungen

Als Gus, Mac und Steve das *Café Anders* betraten, war es zehn Minuten vor acht. Während sie auf ihren Stammplatz zusteuerten, der ein wenig abseits lag, machten sie sich Sorgen darüber, was auf persönlicher Ebene von ihnen erwartet werden würde.

Schon als sie sich niederließen, gesellte Salvatore sich diesmal zu ihnen.

»Schön, euch wiederzusehen.« Er schaute jedem prüfend in die Augen und nickte dann. »Einer von euch hat große Schwierigkeiten gehabt, und zwei haben eine ziemlich starke und positive Energie. Aber bevor wir anfangen, über eure Fortschritte zu sprechen, solltet ihr euer Essen bestellen.«

Steve wählte Fish and Chips, Mac und Gus Steak und Salat. Die Getränke wurden ziemlich schnell gebracht, und Gus erhob sein Glas. »Wie wäre es mit einem Toast auf einen abwesenden Freund?«

»Auf Mike«, kam es von Mac und Steve, während alle an ihren Getränken nippten.

»Also, Steve, vielleicht könntest du anfangen«, sagte Salvatore.

Steve zögerte. Er schien sich ziemlich unwohl zu fühlen. »Ich kann euch sagen, es ist nicht leicht«, begann er abwehrend.

»Niemand hat behauptet, daß es leicht werden würde«, entgegnete Salvatore. »Andererseits entscheidest du selbst darüber, wie leicht oder schwer es ist.«

»Das ist mir klar, aber der Druck, den meine Kumpels auf mich ausgeübt haben, so zu bleiben, wie ich bin, war stärker, als ich erwartet hatte. Ich merkte sehr schnell, daß ich nicht beides konnte: mich ohne meine Freunde verändern und einer von ihnen und damit so wie bisher bleiben.«

»Und wofür hast du dich entschieden?« fragte Mac.

»Ich habe mich entschieden, mich zu verändern, aber das war nicht leicht. Es hat zwei oder drei Tage gedauert, bis ihnen klar war, daß ich es ernst meinte. Dann hatte ich mit Dino, meinem besten Freund, eine gewaltige Auseinandersetzung, und anschließend ist er gegangen. Das war nicht so angenehm für mich. Aber das Schlimmste kam am nächsten Tag, als er mich anrief. Er sagte, er sei bereit, meine Entschuldigung anzunehmen und die Sache zu vergessen. Daraufhin bin ich explodiert. Das Endergebnis ist, daß meine Freunde aus meinem Leben verschwunden sind – oder, korrekter gesagt: Ich bin aus ihrem Leben verschwunden!«

Steve kniff nachdenklich die Augen zusammen. »Das tut weh. Wir waren sieben oder acht Jahre zusammen und haben viel Gutes erlebt. Aber wißt ihr, was merkwürdig ist? Ich kann mich an nichts davon mehr erinnern! Ich weiß nur noch, daß wir immer tiefer in die Scheiße geraten sind und daß Dino uns klarzumachen versuchte, das Leben sei halt so. Ich bin absolut nicht stolz darauf, daß ich wie ein kleiner Hund neben ihm hergetrottelt bin. Er und die anderen waren sechs bis zehn Jahre älter als ich, und ich habe wohl irgendwie geglaubt, sie wüßten, was im Leben wichtig ist. Besonders von Dino habe ich das geglaubt. Er erschien mir so lebensklug. Als wir gute Freunde wurden, war ich unglaublich stolz. Es war für mich ein Gefühl, als hätte ich eine wichtige Prüfung bestanden.

Eine schöne Prüfung!« lächelte er verlegen. »Nun habe ich mich also von meinen Freunden getrennt und bin allein. Und wißt ihr was? Nachdem ich den ersten Schock überwunden habe, merke ich, daß sich das gut anfühlt. Von jetzt an steuere ich mein Boot selbst. Am meisten hat mich die Wut meiner Freunde schockiert, als sie merkten, daß ich mich verändern wollte. Sie konnten es einfach nicht verstehen. Ich hatte wohl tatsächlich erwartet, daß sie erkennen würden, wie sehr dies uns allen zugute kommen würde. Da lag ich jedenfalls voll daneben! Ich brauchte sie nicht gehen zu lassen, denn sie haben mich rausgeschmissen. Es ist fast so, als ob sie ... Angst gehabt hätten ... oder ... ach, ich weiß nicht.«

»Sich bedroht fühlten?« schlug Salvatore vor.

»Genau das ist es«, rief Steve aus. »Es ist, als wären sie entweder mit mir oder mit dem, worüber ich sprach, nicht fertig geworden. Sie haben gesagt, ich sollte ihnen aus den Augen gehen.« Er seufzte. »Obwohl ich Zweifel daran hatte, ob sie sich ändern wollten, beschloß ich, ihnen eine Chance zu geben.« Er lächelte. »Offenbar lag ich daneben. Schlecht geraten!«

»Wie fühlst du dich jetzt wegen alldem?« fragte Gus. »Bereust du nichts?«

»Ich fühle mich gut ... jetzt. Das hat ein paar Tage gedauert. Ich glaube, es hat mich überrascht, daß sie mich wegen einer solchen Kleinigkeit so schnell fallenlassen würden. Aber ich bereue eigentlich nicht, was ich getan habe.«

»Kleinigkeit ist gut!« sagte Gus mit erhobenen Augenbrauen.

»Nun ja, vielleicht ist es ja auch *keine* Kleinigkeit«, sagte Steve lachend. »Wenn man es sich einmal genauer überlegt, war das eine merkwürdige Beschreibung einer wichtigen Veränderung in meinem Leben. Du hast schon recht: Eine Kleinigkeit war das wirklich nicht.«

»Wie fühlst du dich denn jetzt?« fragte Salvatore geduldig.

»Gut«, antwortete Steve und nickte bedächtig. »Ich bin nicht in Selbstmitleid versunken, als sie mich verstießen, und schon das allein ist eine riesige Veränderung. Ich habe mir gesagt, daß dies nicht zu vermeiden war, obwohl ich vorher versucht hatte, mir das nicht klarzumachen. Sobald ich merkte, daß ein Anfall von Selbstmitleid bevorstand, habe ich mich auf den Weg in das Sommerhaus gemacht, oft zwei- oder dreimal am Tag. Und ich muß sagen, daß mir diese Übung schon nach der einen Woche immer leichter fällt und daß sie immer wirksamer wird. Alles in allem habe ich eine positive Woche hinter mir – das wird mir erst jetzt, während ich darüber nachdenke, klar. Die Dinge haben sich für mich sehr gut entwickelt. Ich habe beschlossen, nicht umzuziehen, ich habe mich um zwei neue Jobs beworben, und für einen davon habe ich schon eine Einladung zu einem Vorstellungsgespräch bekommen. Das ist ein Fortschritt. Ich habe schon seit längerer Zeit keine feste Arbeit mehr gehabt, und bis zu Vorstellungsgesprächen bin ich mit meinen Bewerbungen nie gekommen.«

»Hast du irgendwelche Fragen?« fragte Salvatore ihn.

Steve schüttelte den Kopf. »Am ersten Tag hatte ich einige, aber das Leben scheint die Dinge selbst in die Hand genommen und geregelt zu haben, und mir gefällt die Richtung, in die ich mich bewege. Um die Wahrheit zu sagen: Ich fange an, mich richtig zu mögen!«

Salvatore lachte und klatschte in die Hände. »*Das* ist auf jeden Fall ein Fortschritt. Sobald du eine gute Beziehung zu dir selbst entwickelt hast, wirst du feststellen, daß das Leben dich belohnt. Sehr gut, Steve, ich gratuliere.«

Als wäre das Händeklatschen ein Signal gewesen, traf das Essen ein, und einige Minuten lang konzentrierte sich die Aufmerksamkeit aller auf die servierten Köstlichkeiten.

Salvatore nippte an seinem Grapefruitsaft, während er den anderen wohlwollend beim Essen zuschaute. Schließlich blieb sein Blick auf Gus haften. »Bist du bereit, uns über deine Erlebnisse der vergangenen Woche zu berichten?«

»Ich bin so bereit dazu, wie ich nur sein kann«, antwortete Gus. »Um ehrlich zu sein: Es war auch nicht im Entferntesten so schwierig, wie ich erwartet hatte. Aber – und dies ist ein großes Aber – ich mußte meinem Leben von Augenblick zu Augenblick mehr Aufmerksamkeit schenken, als ich jemals getan habe. Im allgemeinen lasse ich mich durch den Tag treiben – nein, ich wollte etwas anderes sagen. Ich versuche es noch einmal. Normalerweise wiederholt sich jeden Tag das Muster vom Vortag, und auf diese Weise habe ich Tag für Tag in einem unglaublich unbewußten Zustand gelebt. Es ist so ähnlich, als würde man einen Film sehen, den man noch nicht zu kennen glaubt, doch während man ihn anschaut, merkt man, daß man ihn schon einmal gesehen hat. So ungefähr war mein Leben. Bitte beachtet, daß ich ›war‹ gesagt habe. Seit einer Woche achte ich wirklich den ganzen Tag darauf, was ich tue. Ich habe beobachtet, wie ich in Situationen reagiere, in denen mir vorher nicht einmal klar war, daß ich reagierte. Jetzt habe ich es mehrmals gemerkt, und mir ist klargeworden, daß ich das ändern kann. Jetzt reagiere ich immer weniger auf die alten Auslöser. Ich nehme mein Leben in die eigenen Hände. Und das ist nur das, was auf einer Ebene, bei der Arbeit, passiert.«

Er lächelte den anderen zu. »In meinem Privatleben sind noch ganz andere Dinge passiert. Ich glaube nicht, daß irgend jemand, mit dem ich beruflich Kontakt habe, sich auch nur im Entferntesten darüber im klaren ist, welche Mühe ich mir gebe, mich zu verändern – oder daß dies auch nur irgend jemanden interessiert. Sie alle haben ihr eigenes Kreuz zu tragen. Aber zu Hause! Sie fragen mich ständig, ob mit mir alles in Ordnung ist! Ich habe ihnen Komplimente gemacht, ihnen meine Hilfe angeboten und bin ganz generell möglichst nett zu ihnen gewesen. Ich habe genau das getan, was du mir empfohlen hast, Salvatore. Ich habe sie auf jede nur mögliche Weise emotional unterstützt, insbesondere meine Mädchen. Vor einer Woche hätte ich gesagt ›die‹ Mädchen, aber schon jetzt empfinde ich sie wieder als ›meine‹ Mädchen. Ich habe genau das festgestellt, was du mir prophezeit hast. Seit ich sie unterstütze, fühle ich mich selbst stärker. Und durch dieses Gefühl der eigenen Stärke ist der größte Teil meiner emotionalen Bedürftigkeit geschmolzen. Es macht mir ungeheuren Spaß, selbst Unterstützer zu sein, statt wie eine angeschossene Ente durch die Gegend zu laufen und ständig um emotionale Unterstützung zu betteln. Ich habe entdeckt – und das war ein Schock für mich –, daß ich auch nicht im Entferntesten so emotional bedürftig bin, wie ich zu sein glaubte. Es war reine Angewohnheit, mich so zu fühlen. Eine dumme, selbstzerstörerische Angewohnheit, die ich seit meiner Kindheit mit mir herumschleppe.«

Gus richtete sich auf. »Und dann noch etwas: Ich habe beschlossen, mit dieser ganzen Sache Ernst zu machen. Deshalb habe ich angefangen, mich anders zu ernähren. Wenn ich nach der Arbeit nach Hause komme, mache ich mir einen großen Salat mit einem kleinen

Stück Fleisch und ohne Alkohol. Vorher war es mindestens ein halbes Hühnchen mit einer winzigen Portion gekochtem Gemüse, das Ganze habe ich mit zwei oder drei Bier hinuntergespült, und anschließend kam die Zigarre. Wenn das eine Veränderung ist, dann bin ich dabei! Ich habe vor, fünfzig Pfund abzunehmen, und bei Gott, ich werde es schaffen.«

»Irgendwelche Kommentare von Harriet dazu?« fragte Mac.

Gus lachte. »Freut mich, daß du danach fragst. Harriet ist schon goldig. Als wir gestern abend zu Bett gingen – immer noch im selben Raum und im selben Bett, ob ihr es glaubt oder nicht –, hat sie mich mit sehr besorgter Stimme gefragt, ob mit mir alles in Ordnung ist. Und was glaubt ihr, was ich ihr geantwortet habe? Ich habe gesagt, ich hätte festgestellt, daß ich dabei sei zu sterben. Zu meiner völligen Verblüffung fing sie an zu weinen. Ich war ziemlich schockiert. Um die Sache kurz zu machen: Ich erklärte ihr, daß ich nicht dabei sei, an einer Krankheit oder an Krebs zu sterben, sondern daß es sich um ein Sterben am immer Gleichen handele.«

Gus grinste breit. »Sie verstand einfach nicht, wovon ich redete; deshalb habe ich ihr schließlich, ohne die Quelle meiner Weisheiten zu nennen, einige der Dinge erklärt, die ich von Salvatore gelernt habe. Ich habe ihr gesagt, ob mit ihr oder ohne sie, mein Leben würde nie mehr so sein wie vorher. Und ich sagte ihr, ich würde fünfzig Pfund abnehmen. Zuerst hat sie darüber gelacht und sich ein wenig über mich lustig gemacht, aber nicht lange und auch nicht so sehr. Sie hat nicht so reagiert, wie ich es erwartet hatte. Ich hatte angenommen, sie würde die Neuigkeiten mit Hohn und Verachtung aufnehmen, aber tatsächlich war sie ... irgendwie ... nachdenklich.«

»Warum hast du ihr gesagt, du wolltest abnehmen?« fragte Steve. »Hast du dich dadurch nicht selbst unter Druck gesetzt?«

»Genau«, antwortete Gus und nickte verständnisvoll. »Und das wollte ich auch. Ich wollte, daß alle, die mich kennen, wissen, daß ich abnehmen will. Jetzt muß ich es auch tun, wenn ich mich nicht absolut lächerlich machen will. Und glaubt mir, die Sache ist jetzt für mich klar. Ich gebe es gern zu: Als wir das erste Mal mit Salvatore zusammenwaren, war ich unglaublich skeptisch; aber irgendwann hat es dann plötzlich klick gemacht, und mir wurde klar, *das* war es. Entweder nehme ich die Weisheit eines lebenden Meisters ernst, oder ich kann mich früh vom Leben verabschieden. Und tief in meinem Inneren, im grenzenlosen Selbst, wußte ich, daß ich es schaffen konnte. Wie Salvatore immer sagt: Alles ist eine Frage des richtigen Zeitpunkts, und meine Zeit ist definitiv gekommen.«

Er schaute Salvatore in die Augen. »Das ist meine Geschichte. Ich hatte eine gute Woche, eine wirklich gute. Für Selbstmitleid habe ich gar keine Zeit gehabt. Ich war zu sehr damit beschäftigt, Licht in mein Leben und in das Leben meiner Familie zu bringen. Und ich habe vor, damit weiterzumachen. Was mich wirklich erstaunt, ist die Tatsache, daß meine emotionale Abhängigkeit – die so stark war, daß mein Leben fast daran gescheitert wäre – nur ein dunkler Traum war. Die Macht, die sie hatte, habe ich selbst ihr gegeben. Meine emotionale Bedürftigkeit hatte keine eigene Macht. Nachdem ich mein Programm geändert hatte, war das zuvor übermächtige Bedürfnis bezwungen wie ein Schatten vom Licht. Nun arbeite ich Tag für Tag am Aufbau eines neuen Lebens. Ich weiß, daß unsere Familie wieder zusammenwachsen und glücklich werden wird.«

»Und das, bevor wir auch nur die Formel bekommen haben«, witzelte Steve.

Salvatore griff über den Tisch nach Gus' Händen. »Ich bin sehr froh, daß es dir so ergangen ist. So etwas passiert, wenn der richtige Zeitpunkt gekommen ist. Wenn die Wahrheit das Leben erfaßt, entbrennt es von lebendiger Wahrheit.«

Dann wandte er sich Mac zu. »Du bist als nächster an der Reihe, mein Freund, aber ihr solltet vorher euer Dessert bestellen.«

Die Teller wurden abgeräumt, und die Dessertbestellungen aufgenommen. Mac wählte Macadamia-Eiscreme, Gus und Steve entschieden sich für frisches Obst. Weil Salvatore an ihrem Tisch saß, wurden ihre Bestellungen besonders schnell ausgeführt.

Steve und Gus fühlten sich ein wenig unwohl, denn mittlerweile war ihnen klar, daß Mac eine wirklich schwierige Woche hinter sich haben mußte.

Mac hatte sein Eis schon halb verzehrt, als er die anderen anschaute. »Ist ja wohl klar, daß ich hier der Problemfall bin. Ich wünschte mir, ich könnte sagen, daß ich eine ebenso positive Erfahrung gemacht habe wie Gus, aber das ist leider nicht so. Ich hatte während der ganzen letzten Woche wirklich schwer zu kämpfen. Ich hoffe nur, daß die magische Formel wirkt, denn solch ein Wunder brauche ich wirklich dringend.«

»Was war das größte Problem?« fragte Salvatore ihn.

»Depressionen und sexuelle Phantasien«, antwortete Mac. »Ich habe alles probiert, was du uns empfohlen hast, oder zumindest alles, woran ich mich noch erinnern konnte; aber ich bin nicht sehr weit damit gekommen. Zunächst einmal hat mir mein Entschluß, meine gutbezahlte Stellung aufzugeben und mit etwas ziemlich Riskantem zu beginnen, große Angst eingejagt. Es hat mich schlicht und einfach zu Tode geängstigt. Ich habe vor lauter Angst Durchfall bekommen! Ich hatte solche Angst wegen dieser ganzen Sache, daß ich mich völlig deprimiert und schlecht fühlte. Und dann kam das Unbewußte ins Spiel und lockte mit sexuellen Phantasien und falscher Erleichterung. Gott, was für ein Mist!«

»Wie ist es dir denn mit der Übung ergangen? Du weißt doch noch: mit deinem Lichtkörper in Alaska trekken. Das muß dir doch geholfen haben.«

Mac stöhnte auf. »Ich habe es einfach nicht geschafft, darauf zu fokussieren. Ich habe meine Augen geschlossen, und wenn ich dann die Stufen hinuntergegangen war, bin ich entweder tief und fest eingeschlafen, oder meine Gedanken haben sich in alle Winde zerstreut. Alles in allem war die Woche schlimmer als gewöhnlich, denn zu allem Überfluß hatte ich auch noch das Gefühl, daß ich eigentlich etwas Besseres zustande bringen müßte. Ich glaube zwar, daß es für mich einen Ausweg gibt, aber ich nutze ihn nicht oder bin nicht in der Lage dazu. Welche von diesen beiden Möglichkeiten zutrifft, weiß ich nicht.«

Er schaute Salvatore flehend an. »Ich weiß, daß ich Hilfe brauche. Obwohl du mir schon so viel gegeben hast, reicht es nicht aus.«

»Tief in deinem Unbewußten bist du völlig zum Opfer geworden«, sagte Salvatore. »Du hast dich selbst zum Opfer gemacht. Ich nehme an, dir ist klar, daß nichts anderes einen so negativen Einfluß auf dein Leben hat, oder? Alles ist dein eigenes Werk ... nicht wahr? Was für eine Beziehung hattest du eigentlich zu deiner Mutter?«

Eine lange Pause trat ein. Mac starrte unglücklich auf die gegenüberliegende Wand. Sein Gesicht zeigte, daß er sich in einem inneren Konflikt befand. Schließlich seufzte er, und nachdem er tief, aber unterdrückt eingeatmet hatte, schaute er die anderen an und entdeckte in ihren Augen Anteilnahme und Sympathie. »Ich habe noch nie jemandem davon erzählt, aber ich glaube, ich habe letztendlich keine andere Wahl. Ich kann einfach nicht so weitermachen. ... Alles fing an, als ich noch ein Kind war. Meine Mutter ... hat mich geschlagen ... als ich noch ein kleiner Junge war. Wenn sie mich aufforderte, etwas zu tun, und ich es tat, war es entweder völlig falsch oder nicht gut genug, und dann prügelte sie mich, daß mir Hören und Sehen verging. Wenn ich dann weinte, liebkoste sie mich und streichelte mir über die Augenbrauen. Später, als ich schon etwa zehn Jahre alt war, schlug sie mich immer noch, und wenn sie mich anschließend liebkoste, streichelte sie meinen Penis und befriedigte mich. Ich ... war so ...« Mac verstummte und fing an, lautlos zu weinen. Seine Schultern zitterten, während er versuchte, die Tränen zu unterdrücken.

Salvatore setzte sich neben ihn, legte einen Arm um seine Schulter und hielt ihn einfach fest. Er sagte nichts und ließ Mac Zeit, über den Mißbrauch, den er in seiner Kindheit erlebt hatte, zu trauern.

Zehn Minuten vergingen, ohne daß irgend jemand sprach. Steve bemerkte, daß ihr Tisch weiter von den übrigen Tischen entfernt stand als gewöhnlich, fast als hätte jemand diese Entwicklung der Dinge vorausgesehen. Keiner der übrigen Gäste bemerkte das Drama, das sich an diesem Tisch abspielte.

Nachdem Mac zitternd tief Luft geholt hatte, dankte er Salvatore murmelnd. »Ich muß damit aufhören«, sagte er ruhig. »Aufgrund dieser Erlebnisse in meiner Jugend war ich sexuell so verwirrt, daß ich mir nicht sicher war, ob Frauen mich anekelten oder ob ich mich zu ihnen hingezogen fühlte. Eigentlich wollte ich mit einer Frau zusammenleben, aber ich ... ich ... ich ... war impotent, wenn ich mit Frauen zusammen war; ich reagierte nur auf Masturbation.« Er seufzte. »Ich war bei verschiedenen Psychologen und Therapeuten, und sie haben mir ein wenig geholfen, aber nichts von alldem hat mein Problem völlig gelöst. Nun wißt ihr, weshalb es für mich mit all meinem Selbstabscheu und meinem Selbstekel so wichtig war, ein angesehener Professor zu werden. Meine Selbstachtung basierte auf dieser Position. Das einzige Problem war, daß ich allmählich anfing, die ganze akademische Welt ebenso zu hassen wie die Scheinheiligkeit meines Privatlebens.«

Salvatore schaute quer durch den Saal, hielt eine Hand empor, formte mit Zeigefinger und Daumen einen Kreis und schnippte mit den Fingern der anderen Hand. Kurz darauf erschien ein Kellner mit einem Tablett, auf dem ein Glas Brandy stand.

»Trink das, mein Sohn«, sagte er und drückte Mac das Glas in die Hand.

Mac nippte an dem Getränk, hustete, seine Augen wurden feucht, und dann trank er erneut. Er nickte. »Danke. Das hilft.«

»Nachdem du nun deinen Freunden die Verletzungen offenbart hast, die du dir in der Vergangenheit zugezogen hast«, fuhr Salvatore fort, »kann die Heilung beginnen. Einem Therapeuten mitzuteilen, was man erlebt hat, ist etwas völlig anderes, als es Freunden mitzuteilen. Mit dem Therapeuten hast du keine gemeinsame Vergangenheit, und der Schlüssel zu allem ist Vertrauen. Es gibt aber Situationen, in denen es wichtig ist, verletzlich zu werden und sich zu öffnen, genau das, was du bisher immer vermieden hast. Nachdem du das Geheimnis offenbart hast, dessentwegen du dich so schämst, möchte ich, daß du jedem von uns in die Augen schaust, um festzustellen, ob du darin Ekel, Abscheu oder irgendeine Form von Ablehnung entdeckst.«

Einige lange Augenblicke starrte Mac auf die geschmolzenen Überreste seiner Eiscreme. Dann schaute er fast ängstlich in Steves Augen.

»Hier ist kein Ekel und kein Abscheu, alter Kumpel«, sagte Steve. »Das ist zwar das erste Mal, daß ich es zu dir sagen kann, aber ich liebe dich. Ich habe immer gedacht, du wärest arrogant, aber durch diese Treffen habe ich gelernt, daß man Menschen nicht ausschließlich aufgrund dessen, was man sieht, beurteilen sollte.«

Mac lächelte. »Danke, Steve.«

Dann schaute er Gus in die Augen.

Gus lehnte sich über den Tisch, griff mit einer Hand nach Macs Hals und zog ihn näher zu sich hin. »Schaue fest und lange, Mac, dann wirst du einen Kumpel sehen, dem wirklich etwas an dir liegt. Und nicht nur das, du kannst auch in jeder Hinsicht und zu jeder Zeit auf meine Hilfe und Unterstützung zählen.«

Er hielt Macs Hals weiter fest, und Mac wehrte sich nicht dagegen, obwohl der feste Griff ihm weh tat. Er wußte, daß das, was ihn hielt, Aufrichtigkeit war, und das gefiel ihm.

Als Gus ihn losließ, setzte Mac sich wieder aufrecht hin, raffte sich zu einem Lächeln auf und rieb sich den Hals. »Danke, Gus, ich weiß das sehr zu schätzen.«

Dann schaute er schüchtern zu Salvatore, und in dem, was er in dessen blauen Augen sah, fühlte er sich geborgen. Namenlos und formlos suchte eine Energie den Weg in seine Psyche, die ihn beruhigte und ihm Sicherheit gab. Ebenso plötzlich, wie dies begonnen hatte, war es auch wieder zu Ende. »Hast du irgendwelchen Ekel oder irgendeine Ablehnung gesehen?«

Mac schüttelte stumm den Kopf.

»Dann behandle dich mit der gleichen Anteilnahme und Wertschätzung, wie deine Freunde es tun. Du hast schon von deinen Therapeuten etwas über deine Vergangenheit und ihre Wirkung auf dich erfahren; das brauche ich also nicht noch einmal zu erklären. Ich möchte dem aber noch etwas hinzufügen: Alles, was zur Vergangenheit gehört und nicht aufgelöst ist, ist auch in der Gegenwart nicht aufgelöst. Und in diesem Jetzt, diesem aktuellen Augenblick, kannst du es auflösen. Das Wichtigste ist, wie du sicherlich weißt, daß du keine Schuld an dem hast, was geschehen ist. Und so merkwürdig es dir erscheinen mag, auch deine Mutter hat keine Schuld daran. Ich kann dir Brief und Siegel darauf geben, daß sie ein Opfer ihrer eigenen Vergangenheit war und daß sie wegen ihres Verhaltens dir gegenüber höchstwahrscheinlich von Selbstekel erfüllt war, ein Muster, das sich bei dir wiederholt hat. Auf diese Weise pflanzt sich das Negative im Leben fort und existiert weiter. So lange wir nach einem Schuldigen suchen, geben wir der Schuld Macht und erhalten sie dadurch. Indem wir *in jedem Augenblick* die Verantwortung für uns selbst und unser Leben übernehmen, befreien wir uns von den negativen Fesseln der Vergangenheit.«

Er schaute in Macs Augen und fragte ihn: »Kannst du damit etwas anfangen?«

Mac nickte. »Ja, jetzt verstehe ich es. Vor einer Woche hätte ich es noch nicht verstanden. Vor einer Woche hätte ich gesagt, du seist verrückt. Jetzt paßt alles zusammen.«

»Ich empfehle dir, die Entscheidung, deine akademische Laufbahn zu beenden, noch ein wenig zurückzustellen«, fuhr Salvatore fort. »Gehe einen Schritt nach dem anderen. Wenn du nicht mit einem einzigen Sprung über einen See oder einen Teich kommst, dann spring zunächst über Pfützen. Indem man versucht, alle Probleme in einem einzigen Anlauf zu lösen, überfordert man sich. Fange also mit der Depression und den Gedanken an. Man hat dir einen Teufelskreis der Schuldgefühle einprogrammiert; deshalb sollte dein erstes Ziel sein, daraus auszubrechen. Wer weiß, wenn du dich wirklich magst, wird dir vielleicht auch dein Beruf gefallen. Viele Menschen bringen diese beiden Bereiche durcheinander. Sie glauben, wenn sie ihren Beruf wechselten, würde sich auch alles andere verändern, aber das ist nicht der Fall. Sie nehmen ihr Programm – ihre Konditionierung – mit sich. Mit dem Versuch, aus dem durch den Mißbrauch entstandenen Teufelskreis der Schuldgefühle auszubrechen, hast du schon genug zu tun. Du wirst merken, daß diese Bürde leichter ist, nachdem du uns deine Erlebnisse heute abend mitgeteilt hast. Versuche im Moment nicht, eine Beziehung zu einer Frau anzuknüpfen. Wie du schon selbst erkannt hast, wird die Erlösung nicht von einer Frau kommen. Du mußt sie aus eigener Kraft erreichen. Zunächst einmal mußt du dich selbst zu achten lernen, und dazu benötigst du alle Aufmerksamkeit, die du aufzubringen vermagst, und noch mehr. Später, wer weiß, kann eine unterstützende Beziehung zur richtigen Frau dir sehr helfen; aber alles muß sich entwickeln und sich im richtigen Augenblick manifestieren. Du mußt die Pflanze erst aufziehen, bevor sie erblühen kann. Dies ist die natürliche Entwicklung. Eine Pflanze kann nicht erblühen, wenn sie nicht zuvor Energie für die Entwicklung der Blüte speichert. Wir sind genauso; und für dich ist jetzt die Zeit gekommen, jene Grundlage der Selbstachtung aufzubauen, aus der sich später die innere Blüte entwickeln kann. Kannst du mir folgen?«

Mac nickte entschieden. »Sicher kann ich das.«

»Glaubst du, daß du dazu in der Lage bist?«

»Da bin ich mir ziemlich sicher. Ich muß zugeben, schon allein, daß ich euch meine Erlebnisse mitgeteilt habe und deswegen nicht abgelehnt worden bin, ist so ... befreiend für mich. Es fühlt sich gut an. Ich fühle mich erleichtert, als hätte ich eine alte, schmutzige Last abgelegt.«

»Das hast du tatsächlich«, antwortete Salvatore. »Nur war es nie eine schmutzige Last, sondern das Gewicht der Traurigkeit. Deine Mutter war emotional krank; sie hat durch den verzerrten Ausdruck ihrer Bedürfnisse sowohl sich selbst als auch dich zum Opfer gemacht. Das Tragische ist, daß wir unablässig auf das Falsche fokussieren und dadurch den Mißbrauch fortsetzen. Doch in diesem Stadium der Neuorganisation deines Lebens mußt du dich mit einem Thema nach dem anderen befassen, und es geht hier nicht um deine Mutter, sondern um dich. Habe ich richtig verstanden, daß deine Mutter nicht mehr lebt?«

»Sie ist vor Jahren an Alkoholismus gestorben.«

»Dann ist es an der Zeit, sie loszulassen, falls du das noch nicht getan hast«, sagte Salvatore.

»Ich habe geglaubt, daß ich das getan hätte«, antwortete Mac, »aber ich merke jetzt, daß sie in meinem Unbewußten weiterzuleben scheint. Wenn ich masturbiere, kommt mein Selbstekel aus der Vergangenheit; es ist der gleiche, den ich empfunden habe, als sie es mit mir machte. Ich haßte es, weil es mir so gut gefiel. Mehr als durch irgend etwas anderes ist dadurch mein Schuldgefühl entstanden. Gott, fällt es mir schwer, über etwas so Verwirrendes zu sprechen! Aber ich spüre eine eindeutig Reaktion auf das, was du über das Gewicht meiner Traurigkeit gesagt hast. Ich sehe jetzt, daß die Traurigkeit mich seit langem begleitet, und ich bin bereit, mich von ihr zu lösen. Und was du darüber gesagt hast, daß ich meine Entscheidung, ob ich meinen Job aufgeben oder behalten soll, zurückstellen soll, fühlt sich gut an. Du hast völlig recht. Alles zusammen wäre einfach zuviel. Und was die Arbeit anbetrifft, könntest du richtig liegen. Ich bin im Augenblick einfach zu verwirrt, um herausfinden zu können, woher der Haß kam; aber es könnte sein, daß mein Selbsthaß in Haß auf das, was ich tue, umgeschlagen ist.«

Während Mac die anderen nacheinander anschaute, war auf seinen Lippen ein feines Lächeln zu erkennen.

»Ich glaube wirklich, daß ich es jetzt schaffen kann. Ich denke, ich bin jetzt an dem Punkt, den Gus meinte, als er davon sprach, daß die einzelnen Teile des Puzzles an ihren Platz fallen müssen. Dieses Gefühl hatte ich vorher nicht.«

Salvatore schaute auf seine Uhr. »Es ist schon spät. Ich möchte, daß ihr noch zwei weitere Wochen übt. In zwei Wochen treffen wir uns dann zur gleichen Zeit wie heute wieder hier.«

Er schaute Mac an. »Benutze deine innere Übung oft, um deinen Geist zu zügeln, nicht um ihn unter Kontrolle zu bringen. Du wirst sehen, daß du das jetzt problemlos kannst. heute abend hast du die Blockaden aufgelöst.«

12
Die Übergabe

Als Mac, Steve und Gus zwei Wochen später das *Café Anders* betraten, hatte sich zwischen ihnen offensichtlich eine Verbundenheit und Anteilnahme entwickelt, die ihre vorherige Freundschaft bei weitem übertraf.

Salvatore saß schon am Tisch und empfing sie mit einem breiten Lächeln. In der Mitte des Tischs stand eine Magnumflasche Champagner, und in deren Nähe lagen drei flache Päckchen.

»Willkommen, nehmt Platz. Ich habe mir die Freiheit genommen, das Essen für heute abend schon zu bestellen, und es ist schon auf dem Weg zu uns.«

Der Kellner eilte mit kleinen Tellern herbei, auf denen Austern lagen. Alle grinsten und machten sich unter dem forschenden Blick Salvatores über die Köstlichkeit her.

»Mmmh«, sagte Steve, »das ist so ungefähr meine Lieblingsspeise.«

»Ich mache heute abend eine Ausnahme«, sagte Gus, »weil das heute so etwas wie der Examensabend ist.

Aber mein neues Ich ordnet solche Anlässe der Kategorie ›sehr selten‹ zu.«

»Wenn heute Examensabend ist«, erklärte Mac, »dann bin ich bereit. Ich habe zwei wundervolle Wochen hinter mir, auch wenn die erste ziemlich anstrengend war.« Er spießte eine tropfende Auster auf und hielt sie fest. »So wie diese Auster bin ich aus meiner Schale gekommen, und wie diese Auster brauche ich Hilfe.« Er schaute Salvatore mit einem kecken Grinsen an. »Du hast es geschafft, Salvatore, und ich danke dir von ganzem Herzen dafür.«

Salvatore neigte elegant den Kopf. »War mir ein Vergnügen. Es macht mir Freude, mitzuerleben, daß Kerle wie ihr ihr Leben verändern können, indem sie ihrer eigenen Wahrheit gemäß leben. Und wenn *ihr* dies tut, werden andere eurem Beispiel folgen, und so werden die Wellen der Harmonie die verwirrten Gestade des Lebens anderer Menschen in zunehmendem Maße sanft liebkosen.«

Die Teller waren schnell geleert, und der Kellner räumte den Tisch ab. Steve bekam große Augen, als eine Serviererin auf einer Silberschüssel einen ganzen gebackenen Lachs brachte. Dazu gab es gedünstetes Gemüse, und wer wollte, konnte sich dazu aus einer Saucière Krabbensoße nehmen.

»Mann!« sagte Steve glücklich. »Du bist ganz bestimmt nicht so wie ein normaler Lehrer, Salvatore. Du nährst nicht nur die Seele, sondern auch den Magen. Wow! Was für ein Mahl! Ich danke Ihnen, Sir.«

Nachdem alle ordentlich zugelangt hatten und ihr

erster Hunger gestillt war, begann Salvatore, zu ihnen zu sprechen.

»Vielleicht erinnert ihr euch noch daran, wie ich mit euch das erste Mal über die Prinzipien der Wahrheit gesprochen habe. In allen unseren folgenden Gesprächen habe ich sie allmählich immer eingehender erläutert. Außerdem habe ich euch erklärt, daß ihr nur dann von diesen Prinzipien profitieren könnt, wenn ihr ihnen gemäß lebt. Darüber müßt ihr euch völlig im klaren sein: Die Wahrheit muß gelebt werden, damit sie ihre Macht entfaltet und verwirklicht wird. Wenn die Wahrheit nur aus weisen Worten besteht, ist sie ein Konzept und als solches leer und machtlos. Ich wiederhole noch einmal: Ihr müßt die Wahrheit leben, um zu *erkennen* und zu *erfahren*, daß sie wahr ist.

Zweifellos erinnert ihr euch noch daran, wie ich euch erklärt habe, daß das höchste dieser Prinzipien die Ehre ist – sich selbst zu ehren. Nun hört gut zu, denn ich werde euch eine große Wahrheit übermitteln: Wenn ihr euch selbst ehrt, ehrt ihr das Leben, und wenn ihr das Leben ehrt, wird das Leben auch euch ehren. Diese wenigen einfachen Worte umfassen viele Sinnebenen, aber ihr könnt nur so tief in sie hineinschauen, wie es euch möglich ist. Wenn ihr so lebt, daß ihr euch selbst ehrt, werden euch die tieferen Ebenen zu gegebener Zeit tiefe Einsichten offenbaren. Später, in etwa einem Jahr, wenn ihr alles, was ihr gelernt habt, in eurem Leben verkörpert, werden wir wieder zusammenkommen und diese Arbeit auf einer tieferen Ebene fortsetzen.«

Seine Lippen formten sich zu einem unbestimmten Lächeln.

»Vielleicht werde ich euch dann etwas über Hühner und Adler beibringen und darüber, wie man fliegt! Ich habe Mike vorgeschlagen, daß wir uns nächstes Jahr alle zusammen in meinem Ferienhaus am Meer treffen könnten, und das schließt auch alle Mitglieder eurer Familien ein, die gern an so etwas teilnehmen möchten.«

»Das wäre wundervoll. So wie sich die Dinge entwickeln, werden sicher nicht nur meine beiden Mädchen mitkommen wollen, sondern auch Harriet«, sagte Gus mit sichtlichem Enthusiasmus. »Ihr werdet nicht glauben, wie sich dies alles auf mein Leben ausgewirkt hat. Ich bin schon sieben Pfund losgeworden, und ich genieße es sehr, wie ich mich jetzt ernähre. Ich esse große Mengen von frischem Obst und Gemüse, und seither spüre ich eine innere Vitalität, wie ich sie seit meiner Kindheit nicht mehr gespürt habe. Meine Familie fragt mich auch nicht mehr ständig, ob mit mir alles in Ordnung ist, und sie behandelt mich jetzt mit Respekt. Respekt! Abgesehen von meinen beruflichen Leistungen hatte ich mich seit Jahren als Person nicht mehr respektiert gefühlt. Jetzt ist es sogar noch besser, denn ich habe Respekt vor mir selbst entwickelt. Und ob ihr es glaubt oder nicht, Harriet bittet mich um meinen Rat und fragt mich nach meiner Meinung zu Dingen, bei denen sie dies seit Jahren nicht getan hat.«

»Das ist ja wunderbar, Gus«, sagt Salvatore.

»Ja, es ist Wahnsinn, und du hast es wirklich verdient«, stimmte Steve zu. »Mir geht es auch sehr gut, aber ich habe das Gefühl, daß ich mich mehrmals täglich in mein Sommerhaus zurückziehen muß. Jedesmal wenn das Selbstmitleid oder das Gefühl, ein Opfer zu sein, auftauchen, ziehe ich mich dorthin zurück. Und es gelingt mir definitiv, den Teufelskreis zu durchbrechen. Ich habe Dino vor kurzem im Café getroffen, und er hat mich angegrinst, aber keine Anstalten gemacht, mit mir zu reden. Und das war okay für mich. Ich hatte ihm sowieso nichts zu sagen. Aber das Beste wißt ihr ja noch gar nicht: Ich habe einen Job. Und dazu auch noch einen, der mir gefällt. Ich arbeite in einem Seefahrtsmuseum – könnt ihr euch das vorstellen? Meine Erfahrung in der Seefahrt und mein Interesse an nautischen Geräten ist jetzt für mich ein Kapital.«

Steve grinste die anderen an. »Und sobald ich das Datum des von dir vorgeschlagenen gemeinsamen Urlaubs kenne, Salvatore, wird mich nichts davon abbringen, daran teilzunehmen. Noch einmal: Ich danke Ihnen, Sir.«

Nun wandten sich alle Augen Mac zu.

Er seufzte, und auf seinen Lippen zeigte sich ein schüchternes Lächeln. »Ich bin hier immer noch die lahme Ente, aber ...!« Er schlug mit einer Hand über seinen Mund, um Salvatores sofortiger Richtigstellung zuvorzukommen: »Ich *war* hier die lahme Ente, doch nun werde ich in meinen Bemühungen, mich selbst zu ehren, zu einem Schwan. Zunächst einmal muß ich sagen, daß eine Menge Druck von mir gewichen ist, seit ich die Entscheidung darüber, ob ich meinen Job aufgeben soll, zurückgestellt habe. Ich werde mir in meiner augenblicklichen Position Zeit geben, und wenn ich sie dann beispielsweise nach sechs Monaten immer noch wirklich aufgeben will, dann bin ich bereit, das zu tun. Die Vorstellung, bei Trekking-Touren durch die Wildnis als Führer zu arbeiten, reizt mich natürlich, aber möglicherweise bin ich dazu körperlich gar nicht mehr in der Lage; wer weiß. Inzwischen ist der Druck von mir gewichen. Ich weiß, daß manche Menschen mit mehr Druck fertig werden als andere, aber ich weiß auch, daß ich zu diesen nicht gehöre. Ich muß mich damit abfinden, daß bei mir unter Druck nichts Gutes herauskommt. Und so dumm es klingen mag: Dies zu wissen, hilft mir wirklich.«

»Daran ist gar nichts dumm«, warf Salvatore ein. »Jeder von uns hat eine andere Vergangenheit und andere Fähigkeiten, und die eigenen Fähigkeiten zu kennen ist ein wichtiger Teil einer weisen Lebensführung. Weisheit ist die Kunst, die eigenen Grenzen zu kennen, sich aber trotzdem nicht durch sie einschränken zu lassen.« Er lächelte. »Das mag wie ein Widerspruch klingen, aber zu gegebener Zeit werdet ihr erkennen, was hinter diesen Worten steckt.«

Mac nickte. »Ich verstehe das zwar noch nicht, spüre aber, daß etwas daran ist. Ich möchte noch ein wenig über die letzten Wochen berichten. Ich bin mir ziemlich sicher, daß schmutzige Gedanken eine Sucht sind. Wirklich, sobald mein Geist sich nicht mit etwas anderem beschäftigt, fängt er an, sexuelle Phantasien zu entwickeln. Das ärgert mich wirklich. Statt daß *ich* meine Gedanken denke, scheint es so, als würden meine Gedanken *mich* denken! Jedenfalls bin ich jedesmal, wenn meine Gedanken in diese Richtung gingen, durch den Regenbogen und die Treppe hinabgestiegen. Mein Gott! Ich bin in den letzten beiden Wochen unglaublich oft in Alaska gewesen. Und es funktioniert! Der Trick ist, bei etwas zu bleiben, das wirklich mein Interesse und meine Aufmerksamkeit fesselt.«

»Du folgst deinem Herzen«, warf Salvatore ein.

»Ja, das ist es wohl. Und die Sache mit dem Trekking gefällt mir wirklich gut. Ich sehe schon jetzt, daß mein Geist und meine Gedanken irgendwann geübt darin sein werden, sich auf kreativere und freiere Weise zu bewegen. Ich muß ehrlich sein: Ich glaube, das wird Monate dauern, vielleicht sogar ein paar Jahre. Aber ich weiß auch, daß ich am Ende siegen werde, wenn ich nur damit fortfahre. Was mir wirklich zu denken gibt, ist, daß ich möglicherweise noch einmal geboren werden und sich das alles noch ein ganzes weiteres Leben lang wiederholen könnte. Da beiße ich doch lieber in den sauren Apfel, setze mich jetzt damit auseinander und durchbreche den Teufelskreis. Alles in allem kann ich sagen, daß ich ganz schön zu kämpfen hatte und daß das okay für mich ist. Mir wird jetzt klar, daß es okay für mich ist, zu kämpfen, solange ich nicht aufgebe. Ich habe das Gefühl, daß wir heute abend die magische Formel kennenlernen werden, und ich muß zugeben, daß der richtige Zeitpunkt dafür wirklich erst jetzt für mich gekommen ist. Ich war ziemlich sauer auf dich, Salvatore, weil du darüber gesprochen hast und uns die Formel dann doch nicht gegeben hast. Ich wollte eine Formel, die alles für mich erledigen würde. Jetzt ist mir klargeworden, daß dies reines Wunschdenken war, eine Ausflucht. Keine Formel kann irgend etwas verändern, wenn wir nicht bereit sind, die Verantwortung für die Veränderung zu übernehmen, und ich bin gerade erst an diesem Punkt angekommen. Deshalb muß ich dir dafür danken, Salvatore, daß du uns hast warten lassen. Irgendwann werde ich okay sein. Ich bin ein Gewinner.«

Salvatore lächelte freundlich. »Ich bin so froh darüber, daß du selbst zu dieser Einsicht gekommen bist. Mike war vom ersten Tag bereit, die Formel anzunehmen, weil er sich nicht auf sie verlassen hätte. Ihr anderen habt erst nach und nach den Punkt erreicht, an dem ihr bereit wart, die Verantwortung für euer Leben selbst zu übernehmen.

Nun hört mir gut zu. Es gibt nichts ehrenvolleres in eurem Leben, als die Verantwortung für euch selbst und für euer Leben zu übernehmen. Wenn ihr euch von allen Schuldzuweisungen und allem Suchen nach dem Fehler löst, aus dem Wissen heraus, daß ihr selbst die Autoren jenes Films seid, der euer Leben ist, werdet ihr zu Drehbuchschreibern des Neuen, statt immer wieder das gleiche zu Papier zu bringen. Wie ich schon gesagt habe: In einem Jahr können wir dies in das umfassendere Bild des Lebens einbeziehen. Doch die Wahrheit hat ihr eigenes Timing und ihr Eigenleben. Man muß sie immer erst leben, bevor das richtige Timing da ist – und indem man sie lebt, entsteht der richtige Zeitpunkt. Gelebt und erfahren kreieren beide zusammen eine Spirale der Verbundenheit, durch die Leben und richtiger Zeitpunkt als Eins erkannt werden. Und ihr *wißt*, daß beide nie voneinander getrennt waren.

Denkt in eurem Alltagsleben Gedanken, die euch ehren. Denkt euch als wertvoll und ehrenwert – dann tut das Leben das Seine! Wenn ihr euch hingegen als wertlos und nicht ehrenwert anseht, entfaltet sich das Leben nicht zu voller Blüte. Und seid euch darüber im klaren, was ihr denkt. Die tief einprogrammierten, unbewußten Gedanken sind es, die euer Leben steuern. Ihr seid ihrer nicht einmal gewahr! Dies ist das unbewußte Leben der Massen. Lauscht euren Gedanken, ohne sie zu kritisieren. Laßt entehrende Gedanken bewußt los; kämpft nicht gegen sie. Erzeugt absichtlich Gedanken der Selbstwertschätzung, des Sich-selbst-Akzeptierens und des Respekts vor euch selbst.«

Salvatore schaute alle nacheinander an. »Ich bin stolz auf euch. Ihr habt in ziemlich kurzer Zeit einen weiten Weg zurückgelegt. Deshalb ist es jetzt an der Zeit, euch die magische Formel zu geben. Ihr seid es wert, sie zu empfangen.«

Dann griff er nach den flachen Päckchen, die vor ihm lagen, und gab Gus, Steve und Mac jeweils eines. Anschließend schaute er wohlwollend lächelnd zu, wie die Beschenkten ihre Päckchen öffneten. Schließlich hielten alle einen mittelgroßen Wandspiegel und ein kleines Seidentuch von unterschiedlicher Farbe in der Hand.

Alle schauten Salvatore verblüfft an.

»Ihr werdet feststellen, daß jeder Spiegel anders ist. Gus, auf dem Metallrand deines Spiegels sind ein paar erinnernswerte Zeilen großer Dichter eingraviert. Mac, an deinem Spiegel sind Naturszenen in den Holzrahmen geschnitzt. Und auf Steves Spiegel sind die Noten berühmter aufmunternder Melodien in den silbernen Rahmen eingraviert. Die Spiegel sind speziell für euch gestaltet worden. Ihr werdet auch bemerken, daß das Glas jedes Spiegels mit einem Wirbel von Regenbogenfarben besprüht ist, so daß sich außer euren Augen kein Teil eures Gesichts darin spiegelt. Wenn ihr in den Spiegel schaut, sollt ihr nur eure Augen anschauen. Weil die Merkmale eures Gesichts nicht zu erkennen sind, kann auch kein Urteil oder Vorurteil aufkommen. Ich möchte, daß ihr euren Spiegel zu Hause an die Wand hängt und daß ihr ihn mit dem Seidentuch abdeckt, damit andere nicht hineinschauen können. Mac, halte doch dein Seidentuch mal hoch.«

Mac tat dies, und sie sahen, daß auf dem Hintergrund eines farbigen Regenbogens die Worte »Reflektiere und Wähle« gedruckt waren.

»Euer Spiegel ist ausschließlich für euch bestimmt. Ich möchte, daß ihr jeden Morgen das Tuch davon entfernt und euch in die Augen schaut. Anschließend sollt ihr ganz bewußt entscheiden, was ihr am betreffenden Tag sein wollt. Wollt ihr ein Adler oder ein Huhn sein? Wollt ihr großartig oder banal sein? Werde ich an diesem Tag auf einer Spirale nach oben steigen oder mich endlos im Kreis bewegen? Wird es ein Tag werden, an dem ich mich selbst ehre oder an dem ich mich selbst verleugne? Wird es ein Tag der Neuheit meiner selbst und des Lebens sein oder wird es wieder das gleiche sein wie immer? Werde ich im Licht leben oder im Schatten versinken? Diese Entscheidungen müßt ihr treffen. Nachdem ihr dies getan habt, könnt ihr den Spiegel wieder verhängen und euren Entscheidungen gemäß leben.

Am Ende des Tages, bevor ihr euch zum Schlafen niederlegt, schaut ihr die Augen im Spiegel dann erneut an und fragt euch: War ich heute ein Adler oder ein Huhn? War ich großartig oder banal? Habe ich heute auf der Spirale oder im Kreis gelebt? Habe ich mich heute geehrt oder mich verleugnet? War ich und mein Tag neu, oder war alles wieder genauso wie immer? Habe ich im Licht gelebt, oder bin ich im Schatten versunken?

Nachdem ihr das getan habt, braucht ihr nicht mehr über euch zu urteilen. Ihr werdet feststellen, daß ihr eure Augen wesentlich schwerer beurteilen könnt als den Ausdruck eures gesamten Gesichts. Wenn ihr tief in eure Augen schaut, werdet ihr feststellen, daß ihr in eure Seele schaut. Dadurch wird dieser Prozeß auf eine höhere Ebene verlagert. Es wird sich so anfühlen, als ob ihr völlig neu seid, statt das gleiche, alltägliche Gesicht des Menschen zu haben, den ihr schon vor langer Zeit abgeurteilt habt.

Wenn ihr in eure Augen schaut, würdigt ihr dadurch auf einfache Weise, wie ihr am betreffenden Tag gelebt habt, und ihr löst diese Erfahrungen dadurch auf, denn der nächste Tag ist neu, und auch ihr werdet dann neu sein, und auf diese Weise entscheidet ihr euch für das Neusein. Indem ihr die erforderliche Geduld und Aufmerksamkeit entwickelt, könnt ihr wie ein Adler leben und in prachtvollen Spiralen in das Licht des Neuseins fliegen, auf eine Weise, die euch und euer Leben ehrt. Oder ihr könnt wie ein Huhn leben, im banalen Teufelskreis des immer Gleichen verharren, verloren im Schatten und unter Leugnung eures Potentials.

Dies müßt ihr jeden Tag ohne Ausnahme tun, und natürlich werdet ihr euch auch jeden Tag dafür entscheiden, euer Selbst zu ehren. Doch wenn ihr am Abend erneut in den Spiegel schaut, werdet ihr feststellen, daß es gar nicht so einfach ist, den Pfad des Ehrens zu beschreiten. Man muß dies mit Gewahrsein, Aufmerksamkeit und Geduld tun.«

»*Das* ist also die magische Formel«, sagte Steve. »Und ich habe mich gefragt, was es sein könnte. Es klingt alles so simpel.«

»Da bin ich anderer Meinung«, entgegnete Mac. »Mir sagt sie, daß es völlig an mir liegt, ob ich wie ein Adler fliegen oder im Schmutz scharren werde wie ein Huhn. Sehen wir die Dinge doch, wie sie sind: Im Moment bin ich ein Huhn, will aber ein Adler sein. Das zumindest ist mir klar.«

»Das sehe ich völlig anders«, warf Gus ein. »Ich beginne mit der Voraussetzung, daß ich ein Adler bin und daß ich einfach wesentlich höher fliegen werde. Doch so einfach dies klingen mag, die Formel ist mit Sicherheit eine gewaltige Herausforderung. Ob es nur die Augen sind oder ob es das ganze Gesicht ist, ich muß mich in jenem Spiegel zweimal täglich anschauen und mich mit mir selbst konfrontieren. Für jemanden, der seit Jahren jeden Tag beim Rasieren in einen Spiegel schaut und es in dieser ganzen Zeit geschafft hat, sich nicht wirklich selbst anzuschauen, ist es definitiv eine Herausforderung, dies nun tun zu müssen. Deshalb habe ich mich dafür entschieden, gleich damit zu beginnen, ein Adler zu sein. Wer möchte schon jeden Morgen von dämlichen Hühneraugen angestarrt werden?«

»Sag mal ganz ehrlich, Salvatore, wird das funktionieren?« fragte Steve. »Ich meine, besonders magisch klingt das meiner Meinung nach nicht.«

»Natürlich enthält die Formel keine Magie, Steve«, antwortete Salvatore, »aber in dir selbst ist Magie. Jeder Mensch hat ein Potential, das viel stärker ist als Magie und wirksamer, als du dir jemals vorstellen kannst. Vertraue mir. Benutze einfach den Spiegel so, wie ich es euch erklärt habe, jeden Tag, dann wird er deine eigene Magie in dein Alltagsleben hineinbringen. Weißt du, im Gegensatz zu allen anderen Lebewesen auf diesem Planeten verfügen Menschen über die Fähigkeit, sich zu transformieren. Ihr könnt euch selbst, euer Leben und euer Universum transformieren. Dies ist Macht. Indem ihr den Spiegel benutzt und die Formel anwendet, wird Magie, die so natürlich ist, daß sie ständig übersehen wird, euer Leben durchdringen, und ohne jede Frage und jeden Zweifel werdet ihr sie erkennen.«

Dann stand Salvatore auf und lächelte ihnen freundlich zu. »Natürlich werdet ihr den Spiegel eines Tages reinigen und euch dann das ganze Gesicht anschauen können – dieser Zeitpunkt wird ganz natürlich kommen. Das könnt ihr über einen längeren Zeitraum ganz allmählich machen oder auch in einem einzigen Augenblick. Wie ihr es macht, ist eure Sache. Aber beherzigt meinen Rat, und überstürzt es nicht. Worum es mir geht, ist, euch mit eurer Seele zu verbinden, und eure Augen sind das Tor zu eurer Seele. Wenn ihr euch auf der Ebene der Seele revitalisiert und erneuert fühlt und ihr wißt, daß dies von Dauer ist und daß ihr auf eine neuartige Weise lebt, ist es an der Zeit, daß ihr euch das ganze Gesicht anschaut und euch zu eurem Erfolg gratuliert. Also, was im kommenden Jahr passiert, bleibt völlig euch überlassen. Ich habe euch so viel mit auf den Weg gegeben, daß ihr mit der Transformation beginnen könnt; aber nur ihr könnt sie vollziehen. Ich werde alle notwendigen Vorbereitungen treffen, und irgendwann im Laufe der nächsten zwölf Monate werden wir uns in meinem Haus an der Küste wiedertreffen. Dort können wir dann über andere Dinge sprechen.«

Salvatore griff nach der Magnumflasche, ließ den Korken knallen und goß die schäumende Flüssigkeit in die Gläser. »Ein Hoch auf euren neuen Pfad des Fliegens, meine Freunde.«

»Auf die Adler«, sagte Steve.

»Auf das hohe Fliegen«, sagten Mac und Gus gleichzeitig.

Salvatore umarmte jeden einzeln. »Denkt bis zu unserem Wiedersehen daran: Lebt vom Herzen her; ihr werdet es niemals bereuen. Denkt auch daran, was ich über die Ehre gesagt habe, und lebt ihr gemäß, denn sie ist ein großartiges und machtvolles Prinzip, auf dem ihr euer Leben aufbauen solltet. Wenn ihr euch selbst ehrt, ehrt ihr damit auch das Leben, und wenn ihr das Leben ehrt, wird das Leben auch euch ehren.«

Über den Autor

Für die heutige Welt ist Michael J. Roads ein ungewöhnlicher Zeitgenosse. Er wurde 1937 in England geboren und erforschte von Kindheit an die verborgenen, stillen Geheimnisse der Natur. Er wuchs auf einem Bauernhof auf, und nachdem er die wunderbarste Frau seines Lebens geheiratet hatte, wanderten die beiden nach Australien aus. Hier zogen er und Treenie ihre vier – heute erwachsenen – Kinder auf. In den zehn Jahren als Farmer auf Tasmanien ging Michael durch tiefe innere Veränderungen. Dieser Prozeß der Transformation bewirkte, daß die beiden ihre Farm aufgaben, um sich ganz der Suche nach dem Selbst zu widmen. Es folgten schwierige Jahre, doch die innere Suche trieb sie erbarmungslos voran. Nichts anderes war wichtig, als »frei« zu sein und das »Selbst« zu verwirklichen.

Nachdem Michael und Treenie eine Zeitlang in einer Gemeinschaft gelebt hatten, arbeitete Michael einige Jahre als Berater für ökologische Landwirtschaft. Er konzentrierte sich täglich darauf, seine bewußte Verbindung zur Natur zu stärken, und lernte schließlich, die Grenze zu überwinden, welche das Physische vom Metaphysischen, das Faßbare vom Unfaßbaren trennt. Michael J. Roads ist ein brillanter Redner, der sein Selbst verwirklicht hat. Er kommuniziert seine Wahrheit klar, ohne Zweideutigkeiten und ohne Dogmen. Er ist humorvoll, inspirierend und offen. Michael bedeutet vielen Menschen ganz Verschiedenes – ob als Lehrer, als Freund oder als einfacher Mensch.

Michael und Treenie können unter der folgenden E-Mail-Adresse kontaktiert werden:
Roadsway@mpx.com.au

Informationen über ihre Bücher, Kassetten, Videos etc. sowie aktuelle Daten ihrer jährlichen Tournee finden Sie im Internet unter www.michaelroads.com